Ein Engel
niest

Peter Ulrich

Ein Engel niest

Heiteres aus dem Leben eines Pastors

mit Illustrationen von
Dorothee von Harsdorf

———•———

Band 6 der Schriftenreihe der
Stiftung Bremer Dom e.V.

Carl Schünemann Verlag

Inhalt

»Unser Mund sei voll Lachens«
Zum Geleit

»Unser Mund sei voll Lachens«, schmettert der Eingangs-
chor in Kantate 110 von Johann Sebastian Bach. Geschrieben
wurde sie für den ersten Weihnachtstag und ist ein Feuer-
werk der Freude über die Geburt des Herrn.

Lachen in der Kirche? »In de Still wohnt Gott, de Larm is van
Düvel – in der Stille wohnt Gott, der Lärm ist vom Teufel«,
stand zuweilen auf den Hausbalken über der Eingangstür
der Pfarrhäuser im alten Niedersachsen. Dazu der schwarze
Talar, der gemessene Schritt, die ernste Miene. Es gab durchaus nicht viel zu lachen im Berufsstand, dem unser Autor in
den nachstehenden Texten zum Glück doch so viel Lebensna-
hes und zutiefst Menschliches abgewinnen kann. Sich vom
Gotteslohn, den milden Gaben der Gemeinde und den Früch-
ten des Gärtleins hinter dem Hause ernähren zu müssen, ist
heute Geschichte. Allerdings sind auch die unumstrittene
Autorität in allen Fragen der Lebensführung sowie die ent-
scheidende moralische Instanz vor dem Tor zum Paradies
oder den Pforten der Hölle zu sein gänzlich dahin.

Dennoch ist es eher der Ernst, der uns in die Nähe der Pastorinnen und Pastoren oder unter das Dach der Ehrfurcht

gebietenden Kathedralen und Gotteshäuser treibt. Zwischen Geburt und Tod haben sie uns auf unserer Lebensbahn Wesentliches mitzuteilen, spenden Trost und Segen, erleichtern die Seele der Bedrängten, halten die Hände der Sterbenden. Aber das ist doch nicht alles!

»Lasst uns freuen und fröhlich sein«, gibt Psalm 118 den Takt vor. »Heute will ich fröhlich, fröhlich sein, [...] will mich wälzen und für Freude schrein«, wirft der tiefgläubige Matthias Claudius seine Frühlingsgefühle in die Luft. Im uns so vertrauten Gedicht »Der Mond ist aufgegangen« hat er eines der schönsten Zeugnisse des sich mit der Schöpfung in Einklang befindlichen Menschen geschaffen. »Der innerliche Mensch ist mit Gott eins, fröhlich und lustig um Christi willen, der ihm so viel getan hat«, schreibt Martin Luther.

Um das Licht einzulassen, brachen die gotischen Baumeister die dunklen Wände auf, und bis heute erheitert es in Tausend Farben die Gemüter der Gemeinde. Ja, das Leben soll in all seiner Vielgestalt Raum haben im Glauben. Es darf den kleinen Versprecher geben, die offensichtliche Panne, das diskrete Versäumnis. Es muss das erlöste Lachen geben, wenn etwas so richtig schiefgegangen ist vor dem Altar, und aus Kindermund ist sowieso keine Frage verboten. Soll die Kirche zu unserem Leben gehören, dann sollte es das wirkliche Leben sein, das in ihr Heimat findet. Und die Pastorinnen und Pastoren, die für sie und mit ihr arbeiten, tun dies ja, weil sie Freundinnen und Freunde des Lebens sind, weil sie Gottes allumfassende Liebe zu seinen Geschöpfen verkündigen möchten, die das Unvollkommene immer mit einschließt.

Die Illustrationen von Dorothee von Harsdorf atmen diese Freude des Glaubens. Ihr oft hintergründiger Witz lädt den Betrachter und die Betrachterin zu einem Lächeln ein. Es mag das strenge Grau des Alltags entspannen und eine neue – eben eine heitere – Lebensperspektive aufzeigen.

Am 12. August 1900 rannten zwei vom Glück des Daseins beflügelte Frauen über die Felder von Worpswede, kletterten schließlich auf den Kirchturm und läuteten mit wehenden Röcken voller Übermut die Glocken. Das war außerhalb der Ordnung von Sonn- oder Feiertag und konnte nur bedeuten: Not und Feuer! Der so unnötig in Aufregung versetzte Kirchenvorstand verhängte eine Strafe, deren Vollzug noch heute jedem Besucher ein Lächeln ins Gesicht zaubert. Die Bildhauerin Clara Westhoff entwarf die Köpfe kleiner Putten an den Ständern, die Malerin Paula Becker schmückte die sie umgebenden Wände mit einem Blumenflor. Zur Strafe: ein Engel.

Lesefreuden sind allen, die diesen Band aufschlagen, gewiss. Wie wunderbar, dass auch die hier niedergelegten Episoden Bestandteil eines langen geglückten Berufslebens sind. Lachen oder Weinen wird gesegnet sein!

Edda Bosse
Präsidentin des Kirchenausschusses der
Bremischen Evangelischen Kirche

Ein Engel niest?
Zum Geleit

Ein Engel niest? Wo gibt es denn so etwas? Engel sind im Christentum Geistwesen in geflügelter Menschengestalt, die von Gott erschaffen wurden und als Boten des Göttlichen tätig sind. Es soll Millionen von Engeln geben. Wenn ein Engel niest, dann berühren sich der Himmel und die Niederungen des Alltags.

Diese Vorstellung tut wohl und erzeugt eine frohsinnige, aufgeräumte und aufgelockerte Stimmung. Dietrich Bonhoeffer hatte für die Beschreibung dieser Stimmung das Wort Heiterkeit.

Davon, dass gerade auch Theologen immer wieder Heiterkeit ausstrahlen und erfahren, zeugt die folgende Anekdote: Sie berichtet von einem Pastor, der seine Tätigkeit in einer kleinen Landgemeinde in England aufnahm. Um sich in seiner Gemeinde bekannt zu machen, ging er abends nach getanem Dienst spazieren und plauderte mit Gemeindemitgliedern, die er mehr oder weniger zufällig auf seinen Spaziergängen traf. Eines Abends begegnete er einer älteren Dame, die in ihrem Garten arbeitete. Er lobte den Garten mit den Worten, dass sie sich mit Fleiß und Gottes Hilfe einen wunderbaren Garten geschaffen habe. Sie antwortete: »Nun, Herr Pastor, Sie hätten den Garten einmal sehen sollen, als der liebe Gott hier noch alleine gearbeitet hat.«

Diese Geschichte hätte auch in Bremen spielen können. Dort ist es noch heute ein wenig so, wie es der junge Pastorensohn und spätere Bürgermeister Johann Smidt schon im Jahre 1800 beschrieb: »Die Geistlichkeit ist in Bremen nicht, wie an so vielen anderen Orten, ein Gegenstand des Tadels und des Widerwillens. Freimüthige, helldenkende, humane Männer machen den größten Theil derselben aus, und Liebe und Vertrauen schlingt das schönste Band um Prediger und Gemeinde [...] Der Bremer fordert von seinem Prediger eher das Humane als das Amtsmäßige.«

So dürfen wir uns auch den Verfasser dieses Buches vorstellen: Ein in Bremen nicht ganz unbekannter, inzwischen emeritierter Pastor, der schon manches veröffentlicht hat. Er schreibt kleine Geschichten mit scheinbar leichter Hand, aber ein Bibelwort am Ende einer jeden Geschichte leuchtet deren theologische Dimension aus. Das erinnert ein wenig an den Prediger Salomo (Prediger 3,4), der sagt: »Weinen hat seine Zeit und Lachen hat seine Zeit.«

Die Stiftung Bremer Dom e. V. hat dieses Buch mit Freude als Band 6 in ihre Schriftenreihe aufgenommen und bereitwillig einen Zuschuss zu den Druckkosten geleistet. Denn zu ihren Aufgaben gehört auch die Erforschung der Geschichte des St. Petri Doms zu Bremen. Ein wichtiger Teil davon ist die Geschichte des Gemeindelebens. Das gilt umso mehr, weil die hier veröffentlichten Geschichten Heiterkeit im besten christlichen Sinn ausstrahlen und belegen, dass wir alle von guten Mächten wunderbar geborgen sind. Lassen Sie uns nicht die Engel übersehen, die unerkannt bei uns wohnen – und die auch einmal niesen müssen.

Dr. Detlev G. Gross
Vorsitzender des Vorstands der Stiftung Bremer Dom e. V.

Vorwort

Als Pastor ist mir in meiner Dienstzeit neben manch Schwerem auch viel Heiteres begegnet – vordergründig und hintergründig. Davon möchte ich hier erzählen. Ich erinnere mich an humorvolle Situationen aus meinem Pfarrerleben an der Großen Kirche in Bremerhaven (1985–1992) und am St. Petri Dom in Bremen (1992–2019). Seitdem ich den aktiven Pfarrdienst hinter mir gelassen und den Talar an die Garderobe gehängt habe, hat mein Gedächtnis viele Begebenheiten wieder hervorgeholt. Dabei ist mir bewusst geworden, wie gerne ich aktiver Pfarrer gewesen bin. Aber: Der Ruhestand hat auch sein Schönes. Es ist sinnvoll, dass die Kirche ihn verordnet.

Der evangelische Theologe Karl Barth (1886–1968) hat die Theologie als eine »fröhliche Wissenschaft« bezeichnet. Dieses heitere Wort begleitet mich von Studententagen an bis heute. Die Theologie ist das fröhliche Nachdenken über die Kirche und ihre Verkündigung. Sie beschreibt Gottes Ja zum Menschen und beauftragt uns, es in Predigt, Seelsorge, Unterricht, Diakonie und Kirchenmusik weiterzusagen. Dieses Ja, das Gott niemals zurücknimmt, bekennt seine unergründliche Liebe zu uns Menschen. Zu vielem mag Gott

sein Nein sagen, was wir im Laufe der Zeit so anstellen – oft
ja gerade in bester Absicht –, aber auch Gottes Nein kommt
aus seiner grenzenlosen Liebe zu uns.

Viele Zeitgenossen und Zeitgenossinnen wenden sich von
den verfassten Kirchen ab. Sie werden ihre Gründe haben.
Über den Glauben eines anderen können wir nicht diskutieren. Ich für meinen Teil bin gerne Mitglied der Kirche.
Natürlich, auch ich kann nicht allem zustimmen, was die
Kirche tut oder gerade nicht tut oder getan hat. Aber mich
fasziniert, wie sich unterschiedliche Menschen immer wieder gemeinsam auf den Weg machen, das Evangelium, die
frohe Botschaft von Jesus Christus in Wort und Tat in die
Welt zu tragen.

Einer der großen Feinde der Kirche heute ist die Gleichgül-
tigkeit. Sie bringt manchen Menschen dazu, resigniert zu
fragen: Was soll es? Was kann ich schon ausrichten?

Also – der berühmte Tropfen auf den heißen Stein. Nein!
Der Glaube beginnt bei jedem und jeder Einzelnen von uns.
Wir alle werden täglich neu gefragt: Was kannst du mit dei-
nen ganz persönlichen Gaben dazu beitragen, dass diese
Welt humaner wird?

Behalten wir diese Frage auch angesichts der notwendigen
Veränderungen der Kirche im Auge. Weichen wir ihr nicht
aus. Dann können wir im Sinn von Karl Barth den Glauben
fröhlich und hoffentlich überzeugend bekennen. Dann können wir uns heiter auf den Weg zu den Menschen machen

und getrost den Staub von den Füßen schütteln und weiter wandern, so sie uns nicht aufnehmen. (Matthäus 10,14)

Diese Heiterkeit, die aller Finsternis zum Trotz aus Gottes Ja lebt, möchten die folgenden Beiträge widerspiegeln. Es geht in den einzelnen Begebenheiten um eine Heiterkeit, die mit einem Schmunzeln gegen Verstimmung, Resignation sowie einen oft hemmungslosen Eigennutz helfen mag. Sie möchte das Herz öffnen für eine die Sorgen eingrenzende, tiefe Fröhlichkeit, so wie Jesus von Nazareth sie gelebt hat, ohne das Schwere zu überspielen.

———————•———————

1983 habe ich mein Vikariat in der Seestadt Bremerhaven angetreten – nach dem Studium der Theologie die Einweisung in die Praxis der Kirche. Gottesdienste standen nun an, Taufen, Konfirmationen, Trauungen und Beerdigungen sowie Seelsorge und Konfirmandenunterricht. Ich bin dabei vielen Menschen begegnet, die mir viel Hilfreiches mit auf den Weg gaben, seit 1985 als Pastor.

Die Gemeinde zur Bürgermeister-Smidt-Gedächtniskirche in Bremerhaven – allgemein »Große Kirche« genannt – ist die einzige Gemeinde in Bremerhaven, die zur Bremischen Evangelischen Kirche gehört. Sie ist seit ihrer Gründung im 19. Jahrhundert bis heute eine liberale – eine freiheitliche – Gemeinde geblieben und umfasst reformierte, lutherische und unierte Christen im Bekenntnis zum dreieinigen Gott:

Gott, Vater, Sohn und Heiliger Geist. An ihrem Sandsteinaltar steht daher in Goldbuchstaben programmatisch eingemeißelt das Wort des Apostels Paulus:

»UBI SPIRITUS DOMINI IBI LIBERTAS«, zu Deutsch: »Wo der Geist des Herrn ist, da ist Freiheit.« (2. Korinther 3,17)

1992 trat ich eine Pfarrstelle am Bremer Dom an. In den folgenden Jahren lernte ich wiederum unzählige Menschen von nah und von fern kennen. Mich faszinierte, wie man den alten Dom, der in seiner heutigen Gestalt zum Teil bis 1041 zurückgeht, mit dem Menschen der Gegenwart in Verbindung bringen kann. Seine alten Steine predigen auf ihre Weise dem modernen Hörer und der modernen Hörerin das Wort Gottes. Predigt und Musik nehmen dies im Gottesdienst auf und verkündigen die Gegenwart des lebendigen Gottes.

Die St. Petri Domgemeinde versteht sich als Gemeinde am Dom und gleichzeitig als Kirche für die Stadt. Sie ist ebenfalls getragen von einem offenen Bekenntnis zum dreieinigen Gott. Gottesdienste und Amtshandlungen, Seelsorge und Unterricht bildeten für mich auch hier die Grundlage meiner Tätigkeit. Die Begegnung mit vielen Menschen hat mich beglückt, betroffen und persönlich weitergeführt. Ich habe wiederum viel von anderen lernen können und von manchem Sterbebett ging ich selber getröstet fort. Dafür bin ich sehr dankbar.

So erlebte ich in beiden Gemeinden neben manch Schwerem auch manch Heiteres und Humorvolles. Darüber möchte ich im Folgenden berichten. Ich verzahne meine Erinnerungen aus beiden Gemeinden miteinander, jede Begebenheit wird durch ein Wort aus der Luther-Bibel beschlossen. Es konfrontiert das zeitlich Biografische mit der überzeitlich biblischen Botschaft vom gnädigen Gott.

———•———

Die Menschen, von denen hier einiges aufgeschrieben ist, habe ich bis auf Verstorbene nicht mit Namen genannt und somit versucht, sie anonym bleiben zu lassen. Erwarten Sie, liebe Leserin, lieber Leser, daher kein Bremen-Bremerhavener »Who is who«. Das entspräche nicht der seelsorglichen Verschwiegenheit, welcher ein emeritierter Pastor verpflichtet ist. Doch auch ohne Namensnennung hoffe ich, dass Ihnen die Geschichten ebenso viel Freude bereiten mögen wie mir.

Peter Ulrich

Der liebe Gott ruft an

Heiligabend, 17 Uhr, Gottesdienst im St. Petri Dom. Die Küster zählten rund 1.400 Besucher. Es lag ein Summen in der Luft, bevor der Gottesdienst begann. Heiligabend – jedes Jahr wieder aufregend. Auch nach all meinen Dienstjahren gab es für mich keine Routine.

Die Orgel setzte ein. Das laute Summen verstummte. Es kehrte weihnachtliche Ruhe in die erwartungsvolle Gemeinde ein. Nachdem das Orgelvorspiel verklungen war, erhob ich mich und schritt zum Lesepult beim Altar, stellte mich vor die Menge der Gottesdienstbesucher und Gottesdienstbesucherinnen, holte tief Luft und suchte mir drei bis fünf Gesichter heraus (was immer unwillkürlich geschah), die ich anblickte. Der Kontakt zur Gemeinde ist so wichtig. In die Augen blicken und die Begrüßung möglichst frei halten. Das ist lebendiger als das abgelesene Wort.

Ich begrüßte die Gemeinde und wünschte fröhliche Weihnachten. Da klingelte laut und vernehmlich ein Handy. In die weihnachtliche Ruhe des Gottesdienstes drängte sich ein Stück Alltag. Mir rutschte heraus: »Wie schön! Da ruft der liebe Gott an!«

Ich wollte die Lage entspannen. Die Gemeinde lächelte.

»Und nun lassen Sie uns das erste Lied singen«, sagte ich und nannte noch den Titel. Da hörte ich es laut aus der Gemeinde rufen: »Dieses Lied steht nicht auf dem Zettel!«

Was war das? Es stand nicht auf dem Zettel? Mir schwante: Ich hatte bei der Vorbereitung den Liedzettel für den Gottesdienst um 15 Uhr erwischt. Die Gemeinde jedoch hielt den Liedzettel für 17 Uhr in ihren Händen.

Während der Organist wunderschön spielte und die Gemeinde wunderschön mitsang, eilte ich zur ersten Bank und bat eines der Gemeindeglieder um den richtigen Zettel. Es erklangen die vertrauten Worte der Weihnachtsgeschichte: »Und es begab sich aber zu der Zeit ...«, auch mir wurde ganz weihnachtlich zumute.

Vor der Predigt sang die Gemeinde das zweite Lied. Ich stand früh auf und bahnte mir währenddessen den Weg zur Kanzel zwischen den stehenden Gottesdienstbesuchern und Gottesdienstbesucherinnen hindurch. Aber die Kanzeltür war verschlossen! Das war nun wirklich schwierig, denn ich konnte die Tür nicht selber öffnen. Zu meiner Erleichterung reagierte einer unserer Küster auf mein Winken und rettete mich. Also rasch hinauf zur Kanzel: »Liebe weihnachtliche Gemeinde ...« Ich sah den Hörerinnen und Hörern in die Augen.

Ich habe immer drei Seiten Manuskript gehabt. Am Heiligen Abend durfte die Predigt nicht zu lang werden, weniger ist mehr. Und sie muss sitzen. Bei der zweiten Seite bemerkte ich, dass die dritte Seite fehlte. Mit zittrigen Händen –

Weihnachten war plötzlich ganz weit weg – spürte ich immer wieder nach, aber die dritte Seite fehlte. Wahrscheinlich lag sie wohl verwahrt auf meinem Schreibtisch. »So kann es gehen, wenn man bis kurz vor dem Gottesdienst die Predigt verändert«, dachte ich.

Und nun kam die dritte Seite oder besser: nun fehlte sie ganz besonders. Ich stellte mich gerade hin, holte tief Luft und besann mich darauf, was ich hatte sagen wollen. Ich sprang gefühlt von der Kanzel in die Gemeinde hinein und beschloss diese Weihnachtspredigt mit einem kräftigen »Amen«.

Später sagte mir eine Gottesdienstbesucherin: »Herr Pastor, am Ende Ihrer Weihnachtspredigt – da wurden Sie so richtig lebendig!«

Witzigerweise fand ich später die dritte Seite wieder: Sie klebte genau unter der zweiten Seite fest. Im Nachhinein schien es mir tatsächlich, als hätte ich am Anfang des Gottesdienstes irgendwie nicht ganz Unrecht gehabt: Ein Handy hatte geklingelt und offenbar war tatsächlich der liebe Gott höchstpersönlich in der Leitung – und zwar den ganzen Gottesdienst über, gerade auch dann, als es etwas holprig wurde.

———◆———

»Und von seiner Fülle haben wir alle genommen
Gnade um Gnade.«

(Evangelium nach Johannes 1,16)

Wie heißt du noch?

Eine Konfirmation im Dom ist stets feierlich. Sie bildet für alle Teilnehmer und Teilnehmerinnen ein großes und unvergessliches Erlebnis.

Kurz vorweg erhalten die Konfirmandinnen und Konfirmanden noch die letzten Einweisungen. Die Kunst ist, die aufgeregte Schar zu beruhigen, dann stellt sie sich auf, wie vor der Konfirmation geübt. Die Orgel erklingt und sie zieht zusammen mit ihrem Konfirmationspastor und dem jeweiligen verwaltenden Bauherrn oder der verwaltenden Bauherrin an der Spitze feierlich ein. Die Gemeinde erhebt sich zu Ehren der jungen Leute. Diese nehmen dann auf den Bankreihen vor dem Altar auf ein Zeichen hin gemeinsam Platz. Jedes Jahr ein schönes Bild, so auch in diesem.

Die Orgel endete und ich begrüßte die große Gemeinde von nah und von fern. Von meinem Bremerhavener Vikariatsvater hatte ich es übernommen, möglichst viele Konfirmandinnen und Konfirmanden im Gottesdienst zu beteiligen. Es erforderte schon ihren Mut, die vielen Gottesdienstteilnehmer und Gottesdienstteilnehmerinnen zu begrüßen, einen Psalm zu lesen, ein Gebet zu sprechen, die Seligpreisungen zu lesen oder das Schlussgebet mit zu gestalten. Respekt!

Wir hatten uns vor der Konfirmation im Dom getroffen, um das Sprechen zu üben. Mir lag daran, die Festlichkeit der Konfirmationsfeier auch im Kleinen zu unterstreichen. Dazu gehören nicht zuletzt gutes Lesen und ein sorgsam hergestelltes Gottesdienstprogramm, auch wenn im Mittelpunkt natürlich die feierliche Einsegnung steht.

Ich rief also die Konfirmandinnen und Konfirmanden in Gruppen auf, die sich daraufhin erhoben und sich erwartungsvoll vor dem Kniekissen auf den Altarstufen aufstellten. Bei der Nennung ihres Namens standen zuerst die Mädchen und später die Jungen nacheinander auf und warteten auf mein Zeichen, um als Gruppe vorzutreten. Die erste Gruppe hatte es am schwersten, denn es kostete schon ein wenig Überwindung, sich einer solch großen Gemeinde zu präsentieren. Dann kam die zweite Mädchengruppe an die Reihe, es waren fünf Konfirmandinnen. Ich rief die Erste auf, sie erhob sich. Dann die Zweite und nun kam die Dritte an die Reihe. Und da passierte es: Ich hatte ihren Namen vergessen. Ein Jahr lang sah ich meine Konfis regelmäßig, selbstverständlich waren sie mir allesamt bekannt. Doch nun wollte mir ihr Name einfach nicht einfallen. Ich schaute sie an, sie guckte erwartungsvoll zurück. Es vergingen einige Sekunden, die sich für mich wie Stunden anfühlten. Die Gemeinde wartete. Zwei Mädchen standen, drei saßen noch. Es blieb mir nichts anderes übrig, als sie leise zu fragen: »Wie heißt du noch?«

Erstaunt nannte sie ihren Vornamen. Und mit einem Schlag war alles wieder da. Natürlich! Ich kannte doch ihre große Familie. Ich kannte auch die Verwandten, die außerhalb von Bremen lebten und heute im Dom zu Gast waren. Wie hatte ich ihren Namen bloß vergessen können?

Danach ging alles wie geplant weiter. Ich konnte jeden Namen der Konfirmandenschar ohne Zögern nennen und war erleichtert. Nach der letzten Einsegnung beruhigte ich mich langsam wieder. Die Familie und die festliche Gemeinde hatten es mir – so mein Eindruck – nicht übel genommen. Der weitere Tag verlief schön, ich machte meine geplanten Hausbesuche und war abends völlig ermattet – und um eine Erfahrung reicher.

Bei jeder weiteren Konfirmation im Dom schrieb ich mir nun vorher die Namen und deren Reihenfolge in den einzelnen Gruppen auf einen »Spickzettel«. Allerdings hat sich danach nie wieder die Situation ergeben, dass ich einen Namen vergaß. Auch als ich einige Jahre später den jüngeren Bruder der Konfirmandin konfirmierte, klappte alles auf Anhieb. Vielleicht aber auch deshalb, weil der Zettel zur Sicherheit ja dabei war, nur zur Vorsicht. Man weiß ja nie!

———●———

»Befiehl dem Herrn deine Wege und hoffe auf ihn;
er wird's wohl machen.«

(Psalm 37,5)

Tausende jubelten

Es waren zwischen 20.000 und 30.000 Menschen, die dem Traupaar zujubelten. Das hatte es in der Geschichte der Domgemeinde bestimmt noch nicht gegeben. Denn genau am Tag dieser Hochzeit – es war Sonnabend, der 8. Mai 2004 – und zeitgleich mit der Trauung im Bremer Dom rang der SV Werder mit dem FC Bayern in München um die deutsche Fußballmeisterschaft.

Wir alle wissen: Werder gewann! Deutscher Meister! Nur wenige Wochen später kam dazu noch der Gewinn des DFB-Pokals! Damit gehört Bremen zum exklusiven Club der Double-Gewinner! Das kann uns keiner nehmen!

Da sich nicht alle Werder-Fans auf den Weg nach München machen konnten, hatte man eine Großleinwand auf dem Domshof aufgebaut. Hier konnten die Bremer und Bremerinnen sowie Fans von umzu dieses sagenhafte Spiel live mitverfolgen. Nun, ich gebe zu: Die geschätzten 20.000 bis 30.000 Fans am 8. Mai jubelten natürlich Werder zu und nicht unbedingt dem netten Paar, das sich auf dem Hochchor im Dom trauen ließ.

Das mit großer Spannung erwartete Spiel im Münchener Olympia-Stadion begann fast zeitgleich mit der Trauung im Bremer Dom. Der Organist spielte die Eingangsmusik. Das Traupaar schritt unter meiner Führung langsam zum Hochchor und dann die breite Treppe hoch und durch die Gemeinde hindurch zum Altar. Dort stellte es sich vor seine Stühle und wartete auf mein Zeichen, sich zu setzen.

»Oh, oh«, dachte ich noch, als ich vom Altar aus die Gemeinde begrüßte, »das wird schwierig!«

Hatte die Musik durch die dröhnenden Lautsprecher den Fans bereits richtig eingeheizt, so tat das Spiel nun ein Übriges. Meine Begrüßung ging im Lärm von draußen fast unter: »Mal sehen, wer kräftiger singt – wir hier drinnen oder die vielen Freunde da draußen! Sie sind uns zwar zahlenmäßig überlegen, dafür haben wir aber das größere Gebäude!«, sagte ich scherzhaft.

Wieder setzte die Orgel ein. Nun hörte die Traugemeinde auf dem Hochchor einen Mix aus Orgelmusik und einer durchdringenden Männerstimme, die das spannende Spiel kommentierte. Die wunderschönen Fenster der Nordfassade des Doms ließen die Beiträge des Sprechers in den akustisch geradezu wehrlosen Dom hineinklingen. Weiter hörten wir, wie die Masse der Zuschauerinnen und Zuschauer auf dem Domshof zwischen Jubel und Trauer hin- und hergerissen wurde. Es kam mir so vor, als säßen wir als Hochzeitsgemeinde mitten unter den Fans.

Dennoch nahm der Gottesdienst seinen geplanten Lauf. Und als schließlich das Ja-Wort des Traupaares in Bremen gesprochen worden war, hörte man von draußen zeitgleich einen besonders lauten Jubel. Wir können also im Nachhinein durchaus sagen: 20.000 bis 30.000 Menschen jubelten, als sich die beiden Brautleute im Dom ihr Ja-Wort gaben.

Das hatte es wohl bis dahin noch nie gegeben! Mit einem Wort: einfach cool!

Das sagenhafte Spiel in München endete mit einem 3:1 für Werder. Damit war klar: Werder wurde das vierte Mal in seiner Vereinsgeschichte Deutscher Meister. Zur Begrüßung der siegreichen Mannschaft in Bremen kamen dann am 16. Mai 2004 rund 70.000 Menschen. Die Senatskanzlei schrieb euphorisch: »Die Stimmung vor dem Rathaus ist unbeschreiblich. Den Spielern oben auf dem Rathausbalkon bietet sich rund um den Roland ein unüberschaubares Meer in grün-weiß. Dazu strahlend blauer Himmel.«

Doch noch einmal zurück zum 8. Mai. Nachdem der Hochzeitsgottesdienst beendet war, mussten wir den Dom durch den Eingang zum Bibelgarten verlassen. Vor dem Brautportal wäre dies unmöglich gewesen. Tausende von fröhlichen Menschen liefen vorbei und winkten dem Brautpaar zu. Just married!

Die beiden erinnern sich noch heute mit großer Freude an die sagenhafte Atmosphäre rund um den Dom, auf dem Marktplatz und auf dem Domshof. Das war ein wunderbarer Start in ihr weiteres gemeinsames Leben.

Und neben dem Paar und seiner Gemeinde erinnert sich auch der Pastor im Nachhinein gerne daran. Es war alles noch einmal gut gegangen und seine Befürchtungen hatten sich als unbegründet erwiesen. Er hatte trotz der Kommentare des Sprechers draußen auf dem Domshof und trotz der hellen Jubel- und der dunklen Verzweiflungsrufe der Fans die Traupredigt halten können. Das Brautpaar hatte sich sein Ja-Wort gegeben, der Ringwechsel war vollzogen und der Segen an die Gemeinde erteilt. So schnell lässt sich der Dom nämlich nicht unterkriegen. Er nimmt es auch mit 30.000 und mehr Menschen auf. Manche sagen allerdings, er habe während des Gottesdienstes ab und an zur Groß-leinwand hinübergeschielt.

Der Trauspruch des Brautpaares (und er gilt nicht nur für Brautpaare) lautete übrigens:

———●———

»Lasst uns nicht lieben mit Worten noch mit der Zunge, sondern mit der Tat und mit der Wahrheit.«

(1. Johannes 3,18)

Was haben wir das letzte Mal behandelt?

An der Großen Kirche in Bremerhaven und am Dom in Bremen gibt es für die Konfirmandinnen und Konfirmanden jeweils ein Jahr Konfirmandenunterricht. Er beginnt stets im Juni und endet im Mai des folgenden Jahres mit der Konfirmation. 1968, als ich selbst den Konfirmandenunterricht besuchte, waren es noch zwei Jahre.

Der Domprediger Gerhard Tietze schloss die weiß gelackte Tür zum Konfirmandenlehrsaal hinter sich. Wir Jungen standen auf. Es wurde ruhig. Die Mädchen hatten – leider – an einem anderen Tag Unterricht. Stille. Ich habe selten einen Prediger erlebt, der so viel gute Autorität ausstrahlte wie Tietze. Ich fühlte mich bei ihm geborgen.

Freunde gingen zu Pastor Dr. Walter Dietsch, zu Pastor Günter Abramzik, zu Pastor Maurus Gerner-Beuerle, zu Pastor Hermann Schmidt oder zu Pastor Hans-Martin Sixt. Die Auswahl am Dom war und ist über die Jahre groß. »Wir sind bei Pastor Tietze«, so lautete in meinem Falle die bewährte Familienparole.

Er setzte sich. Wir setzten uns ebenfalls. Unser Pastor hatte volles schlohweißes Haar und trug stets einen dunkelblauen Anzug. Er nahm eine Liste hervor und hakte unsere Namen ab. Seine Sprache klang irgendwie anders. Später begriff ich, dass er aus dem Osten kam. Er hackte die Silben eines Wortes nicht ab, sondern verband sie. Ja, er schliff die einzelnen Wörter wie das Wasser die Kieselsteine. Dadurch ergab sich für meine norddeutschen Ohren eine ungewohnte Satzmelodie. Einer meiner Mitkonfirmanden hieß mit Nachnamen Camphausen. Noch heute habe ich im Ohr, wie Tietze diesen Namen leicht singend aussprach. Man erinnert manchmal Dinge, die eigentlich unwesentlich sind. Aber sind sie es wirklich?

Dann stand unser Pastor auf, schaute in die Runde der erwartungsvollen Konfirmandenschar und fragte: »Was haben wir das letzte Mal behandelt?«

Ich meldete mich. Er nahm mich dran und ich antwortete mit der ganzen Unschuld eines vierzehnjährigen Konfirmanden: »Sie haben versucht, uns beizubringen, was der Heilige Geist ist!«

Tietze drehte sich zur Wand und ich höre noch heute, wie er lächelnd vor sich hinsprach: »Ja, ja, versucht!«

Wie meinte er das? Die Antwort war doch richtig! Das fragte ich mich ein wenig verunsichert. Doch dann nahm der Unterricht seinen Lauf und er machte mir Spaß, richtig Spaß. Die Sache interessierte mich. Wie heißt es: Gottes Mühlen mahlen langsam, aber vortrefflich gut. Die Schleife später über ein Semester Studium der Rechte und anschließend 15 Monate Grundwehrdient bei der Bundesmarine war wohl nötig, um mich zum Hebräisch-Kurs der Kirchlichen Hochschule in Wuppertal anzumelden und dann das Theologiestudium zu ergreifen.

Der Zufall wollte es, dass mir als jungem Domprediger 1992 derselbe Saal im Erdgeschoss des Gemeindehauses in der Sandstraße zugewiesen wurde, in welchem ich auch bei Pastor Tietze Unterricht erhalten hatte. Die zwei gerahmten Drucke mit den Evangelisten Albrecht Dürers hingen noch immer an derselben Wand wie ehedem, immer zwei und zwei, und die unverwüstlichen Tische und Holzstühle waren noch dieselben. Sie hatten Generationen von Konfirmandinnen und Konfirmanden und anderen Besucherinnen und Besuchern vor und nach uns überlebt.

Nun fragte ich zuweilen selbst meine »Konfis« nach dem Stoff der letzten Stunde. Was hatten sie wohl behalten? Beim Thema »Heiliger Geist« blieb es auch meinerseits wohl beim Versuch. Der liebe Gott lässt den pastoralen Ehrgeiz eben nicht in den Himmel wachsen. Und das ist gut so. »Ja, ja, versucht!«

Ich aber darf darauf hoffen, dass ein anderer vollendet, was wir Menschen nicht vollenden können.

———•———

»Lasst uns aufsehen zu Jesus, dem Anfänger
und Vollender des Glaubens.«

(Hebräer 12,2)

Vater unser im ...

Wir feierten einen Segnungsgottesdienst in der Ostkrypta des Bremer Doms. Dort erbat sich der Sohn einer weitläufigen Familie einen Reisesegen. Denn er wollte weit fort, bis ans andere Ende der Erde. Da war es gut für ihn und die Familie, sich gemeinsam unter Gottes Segen zu stellen. Der Segen Gottes ist eine Wohltat.

»Er wird es wohl machen!« So heißt es in Psalm 37,5 nach der Übersetzung Martin Luthers. Mit seinem Segen schenkt Gott uns die Gewissheit, dass er mit uns geht, sogar bis ans Ende der Welt. Er biedert sich nicht an. Er möchte aber bei den Menschen sein. Er möchte in ihr Leben einbezogen werden und sie begleiten. Und so segnete ich im Namen Gottes den aufbrechenden jungen Mann in der Mitte des Gottesdienstes.

Vor dem Schlusssegen betet die Gemeinde das Vaterunser. Mit ihm lehrt Jesus uns zu beten. Es ist eine geistliche Anweisung in aller Kürze.

»So sollt ihr beten«, sagt Jesus bei Matthäus in der Bergpredigt, es folgt das Vaterunser.

Der Pfarrer oder die Pfarrerin sprechen das Gebet Jesu manchmal mehrere Male am Tag und das durch viele Jahre.

Ich verabscheue das Wort »Berufschristen«, aber in diesem Punkt trifft es die Sache. Es ist der Beruf des Pastors oder der Pastorin, während eines Gottesdienstes zu beten und dann in das Vaterunser einzuleiten, bevor der Schlusssegen gespendet wird. Da kann es leider geschehen, dass es seine Innerlichkeit verliert und im Mechanischen hängen bleibt.

Und plötzlich war es weg. Die Gemeinde hatte sich erhoben und betete am Ende dieses Segnungsgottesdienstes das Vaterunser mit. Und plötzlich hatte ich mitten im Gebet einen »Filmriss«, sozusagen einen Blackout. Ich verstummte. Jedenfalls gingen mir die Worte aus, ich konnte einfach nicht mehr weitersprechen. Es kam mir vor, als hätte jemand meinen Mund verschlossen.

Mein Schweigen blieb natürlich nicht unbemerkt, die Gemeinde hörte ebenfalls auf zu beten. Sie sah mich an. Ich blickte hilflos zurück. Mein Mund war ja verschlossen. Ich bekam auch keine Erklärung mehr heraus. Stille – mitten im Segnungsgottesdienst. Stille. Pause.

Dann setzte jemand dort ein, wo wir wohl aufgehört hatten. Wir beteten weiter und ich schloss mit dem Segen an die Gemeinde.

Manchmal muss der »Film« vielleicht reißen. Das gilt für den Pfarrer oder die Pfarrerin wie für eine ganze Gemeinde. Wir machen ab und an zu viele Worte in der Kirche, gerade die Pastoren und Pastorinnen. Aber wenn es allzu berufsmäßig wird, dann verschließt Gott unseren Mund. Wenn das

Vaterunser in Wörter zerfällt und seine Innerlichkeit, seinen Sinn verliert, dann ist eine geistliche Erholung angezeigt.

»So sollt ihr beten«, sagt Jesus. Das Gebet soll aber keine Pflichtübung sein und es darf niemals als Last empfunden werden. Wir sollen sorgsam mit diesem Gebet umgehen und es eben nicht zu leeren Worten verkommen lassen. Wie schnell aber kann das geschehen!

Es gibt eine spirituelle Atemlosigkeit, die sich zuweilen auch in der Kirche breitmachen kann. Dann steht der Gottesdienst in der Gefahr, geradezu heruntergeleiert zu werden, und dann fühlen wir uns eben nicht mehr eingeladen.

Es geht darum, sorgsam mit dem Vaterunser umzugehen, es zu fühlen und seinen Worten bewusst zu folgen. Sonst ist es womöglich plötzlich weg.

Heute kann ich über dieses Erlebnis lächeln, denn es hatte ja auch eine Prise Komik an sich. Gott wollte uns allen, so denke ich, damit etwas sagen. Manchmal sollen wir im Gebet eine Atempause einlegen. Dietrich Bonhoeffer meint in seinem Buch »Widerstand und Ergebung«: »Letzter Ernst lässt sich nicht ohne eine Dosis Humor sagen.«

———————◆———————

Jesus Christus spricht: »Darum sollt ihr so beten:
Vater unser im Himmel. Dein Name werde geheiligt.«
(Evangelium nach Matthäus 6,9)

Mitten in das Taufwasser

Taufen sind etwas ganz Besonderes. Natürlich: Für den Prediger oder die Predigerin wiederholen sie sich mit der Zeit. Man kann das Rad nicht dauernd neu erfinden. Außerdem schenkt eine gewisse Routine Sicherheit. Es ist beruhigend, wenn man seinen Ablauf für sich entwickelt hat, dennoch wäre es schlecht, die Agende zu Hause zu vergessen. Das ist mir zum Glück niemals passiert. Denn manchmal wird es im Pfarramt hektisch. Eigentlich will man zum Besuch oder zur Amtshandlung los, aber dann geht noch das Telefon. Man notiert einen Namen, verspricht einen Rückruf und bricht eilig auf. Und schon ist es passiert. Die folgende Geschichte geschah jedoch, noch bevor ich meine persönliche Routine entwickeln konnte:

Es war in Bremerhaven. Ich war noch Vikar. Mein Vikariatsvater – ich benutze dieses altmodische Wort gerne – überließ mir hier und da auch Taufen. Dann besuchte ich vorweg die Tauffamilien, es gab Kaffee oder Tee, zuweilen auch Kekse oder sogar Kuchen.

Einen Teil meines Vikariats absolvierte ich an der Großen Kirche in Bremerhaven. Die Gemeinde trägt den langen Namen: »Vereinigte Protestantische Gemeinde zur Bürgermeister-Smidt-Gedächtniskirche in Bremerhaven«. Später pflegte ich als dort gewählter Pastor zu meinen Konfirmanden und Konfirmandinnen zu sagen: »Ich konfirmiere euch nur, wenn ihr den Namen unserer Gemeinde auswendig wisst!«

Die neugotische Kirche weihte der Bremer Bürgermeister Johann Smidt 1857 ein. Anlässlich der Einhundert-Jahr-Feier der Stadt Bremerhaven erhielt sie 1927 den Namen »Bürgermeist-Smidt-Gedächtnis-Kirche«. Ihre filigrane Turmspitze hat im letzten Jahrhundert durch das Columbus-Center und später durch ein Hochhaus direkt am Weserdeich in der Höhe Konkurrenz bekommen. 1943 brannte die Kirche bei einem Bombenangriff aus, ihre Außenmauern sowie der Turm blieben stehen. Nach dem Krieg wurde sie innen im Stil der Sechzigerjahre gestaltet. Die langen Fenster lassen viel Licht in das Kirchenschiff hinein. Es ist ein heller großzügiger Raum, selbst bei Schmuddelwetter.

Das Taufbecken wurde, wenn man die Kirche betritt, links in der Nähe des Altars platziert. Die Taufgemeinde sitzt üblicherweise in den Stuhlreihen davor. Zur Taufhandlung selbst stellen sich die Eltern, Paten und Geschwister und andere um das Taufbecken, das auf einem hübschen Sandsteinsockel ruht.

So auch dieses Mal. Der Pate hielt das Kind vorsichtig über das Becken. Er hielt es so, dass die Vorderseite des Säuglings auf seinen Händen ruhte. Normalerweise liegt das Kind auf dem Rücken, nun also auf dem Bauch. Es sah so aus, als ob der Kleine flöge. Ich schöpfte mit meiner Linken etwas Wasser aus dem Taufbecken und wollte gerade sagen: »Ich taufe dich auf den Namen des Vaters und des Sohnes und des Heiligen Geistes. Der allmächtige Gott und Vater unseres Herrn Jesus Christus, der dir heute sein Wort gibt und das mit dem Zeichen der Taufe bestätigt, der stärke und bewahre dich in seinem Willen. Friede sei mit dir.« Aber genau in dem Moment, als ich das Taufwort dem Täufling zusprechen wollte, spuckte dieser seinen Schnuller mit ungeahnter Kraft mitten in das Taufwasser. Ich sehe es noch heute vor mir, wie er haarscharf die Mitte traf und das Wasser ein wenig hochspritze.

Die Taufgemeinde, die um das Taufbecken herum stand, war für einen Augenblick völlig sprachlos. Dann begannen alle, herzhaft zu lachen. Ich nahm meine Hand vom Taufbecken zurück und lachte mit. Das kleine heitere Ereignis hob unsere Stimmung. Die Mutter fischte den Schnuller aus dem Taufwasser und nahm ihn an sich. Ob der Täufling sich noch weiter bemerkbar machte, erinnere ich nicht. Immerhin hatte er der Taufe so seine ganz persönliche Note gegeben, auch wenn wir nicht herausbekamen, was er uns dadurch hatte mitteilen wollen.

Jedenfalls tauften wir ihn in Gottes Namen in die Gemeinde hinein. Heute ist er sicher ein großer Mann, der vielleicht schon selber ein Kind hat taufen lassen. Ob es, wenn dem so sein sollte, wohl auch für einen heiteren Moment in diesem feierlichen Augenblick gesorgt hat?

———————•———————

»Denn wir sind durch einen Geist alle zu einem Leib getauft, wir seien Juden oder Griechen, Sklaven oder Freie, und sind alle mit einem Geist getränkt.«

(1. Korinther 12,13)

Die erste Uhr

Meine Bremer Patentochter hatte Geburtstag. Allerdings kam ich leider zum Kaffeetrinken zu spät. Eine junge Dame von sechs Jahren warten zu lassen, ist nicht gut. Das merkte ich rasch. Auch hatte ich kein Geburtstagsgeschenk bei mir. Das war ebenfalls nicht gut. Dafür stellte ich den Erwerb einer Uhr in Aussicht – der ersten eigenen Uhr. Das kam gut an. Die Situation war gerettet. Der Uhrenkauf sollte am dritten Advent über die Bühne gehen. Abgemacht!

Und dann war es soweit. Ich holte meine Patentochter von ihrem Zuhause ab. Die Mutter sagte mir noch: »Pass bloß auf meinen kleinen Schatz auf!«

Du meine Güte, dachte ich, ich habe Kinderfreizeiten, Fahrradtouren für Jugendliche und Konfirmandenfreizeiten geleitet! Aber ich konnte sie verstehen. Als Vater habe ich später genauso reagiert. Doch man wächst schließlich auch mit seinen Patenaufgaben.

»Du bist eigentlich der einzige Pastor, den ich kenne«, sinnierte die Kleine auf dem Rücksitz meines Autos vor sich hin. »Und du bist auch der netteste Pastor, den ich kenne«, fügte sie freundlich gesonnen hinzu. Mir ging das Herz auf. Irgendwie war ich dann doch etwas verlegen, als ich mit ihr an der Hand zum Dom ging. Sie nahm mir aber schnell alle Scheu, plapperte vor sich hin, war leutselig und höchst vergnügt.

»Sie wird dich gut unterhalten«, hatte ihr Vater noch gesagt und er behielt recht.

Ich zeigte ihr den Dom. Wir sahen uns die Orgeln an, die Westkrypta, in der ich sie getauft hatte, die alte Kanzel im Mittelschiff, den Altar, das mittelalterliche Chorgestühl in einer der südlichen Seitenkapellen, die weiträumige Sakristei und anschließend den Bleikeller, was sie mit ihren sechs Jahren gut überstand. Und dann machten wir uns endlich auf den Weg zum Uhrenkauf in der Innenstadt.

»Sie muss die Ziffern lesen können. Also keine lateinischen Zahlen. Und das Uhrenarmband muss unbedingt verstellbar sein. Und die Uhr muss wirklich hübsch aussehen«, so lautete der mütterliche Auftrag an mich.

Die Verkäuferin nahm ein Tablett mit Kinderuhren aus dem Tresen und legte es vor uns hin.

»Ist die nicht schön?«, flötete meine süße Patentochter voller Begeisterung und zeigte auf eine Uhr mit rosa Einfassung.

»Wir sollten auch noch andere Uhren anschauen«, bemerkte ich. Aber wie es manchmal ist – Liebe auf den ersten Blick. Diese rosa eingefasste Uhr war es also.

Sie war rund, sie war hübsch, sie hatte ein verstellbares Armband und sie trug arabische Zahlen – sie erfüllte also alle Kriterien. Zudem war sie sogar wasserdicht, wenn ich die Verkäuferin richtig verstanden hatte. Nichts sprach also gegen diese Uhr. Wirklich gar nichts? Mich beschlich langsam ein ungutes Gefühl.

»Was ist das?«, fragte ich meine Patentochter.

»Das ist Esmeralda, Quasimodos Freundin«, sagte sie laut und vernehmlich zu der Verkäuferin und mir. Was sie nicht alles wusste!

»Ist die nicht schön?«

Ihre Augen leuchteten. Es war wirklich echte Liebe zu dieser Uhr. Und zu Esmeralda mitten auf dem Ziffernblatt. Ein klasse Weib mit langen schwarzen Haaren, tanzend zwischen Biedermeiermöbeln aus Mahagoni .... Aber war diese Esmeralda wirklich passend für die täglichen Blicke einer Sechsjährigen? Oder war ich in der Zeit zurückgeblieben? Vorsichtig fragte ich die Verkäuferin: »Kann ich die Uhr eventuell umtauschen?«

Das sei kein Problem, antwortete die geduldige Verkäuferin freundlich. Meine Patentochter wartete. Sie schaute mich eindringlich an. Ich kaufte die Uhr, auch wenn ich mich davor fürchtete, wie die Eltern darauf reagieren würden. Würden sie an meinem Geschmack zweifeln?

Um 13 Uhr fanden wir uns mit unserem Kauf, wie zuvor verabredet, am Roland ein.

»Da, Mami! Ist die nicht schön?«, rief meine Patentochter voller Stolz und streckte den kleinen Arm erwartungsvoll hoch. Ich drehte mich zum Vater.

»Es ging nicht anders. Bitte zweifelt nicht an meinem Geschmack. Esmeralda!«

Ich wandte mich wieder um. Das Gesicht meiner Patentochter war plötzlich dem Weinen nahe. Die Mutter aber entschied sich für die Liebe.

»Doch«, sagte sie, »doch. Sie ist wunderschön.«

Und die Kinderaugen begannen wieder zu leuchten. Esmeralda tanzte auf und ab – und mein Herz tanzte ob ihrer Freude nun auch ein wenig.

»Du bist der einzige Pastor, den ich kenne. Und du bist der netteste Pastor, den ich kenne.«

———•———

»Gott der Herr ist Sonne und Schild;
der Herr gibt Gnade und Ehre.«

(Psalm 84,12)

Wann ist Jesus gestorben?

Beim Kirchenjahr hakte es immer, unsere Tochter konnte sich seinen Ablauf einfach nicht merken. Manchmal hatte ich sie im Verdacht, dass sie ihren theologischen Vater damit ein wenig hochnehmen wollte, bewusst oder unbewusst. Umso wichtiger schien es mir, es ihr beizubringen, denn sie sollte zu meinem Kollegen in den Konfirmandenunterricht gehen. Und der würde von der Tochter eines Pastors doch sicher erwarten, dass sie den Ablauf des Kirchenjahres kannte.

Wieder einmal kamen wir am Küchentisch auf das Kirchenjahr zu sprechen.

»Was war Ostern?«

Sie dachte nach. »Ostern ist Jesus auferstanden?«

Sie hatte meine Frage etwas gedehnt beantwortet.

»Richtig! Warum feiern wir Erntedank?«

Ihre Antwort lautete ausweichend: »Wann ist das noch?«

Meine Tochter konnte, wie ich fand, hervorragend Klavier spielen. Sie war gut in der Schule. Sie erledigte ordnungsgemäß ihre Hausaufgaben. Sie war ordentlich und fand alles auf Anhieb, was sie suchte – nur nicht die Antworten auf Fragen zum Kirchenjahr.

»Am Erntedanktag danken wir für die Ernte, ganz einfach. Wir danken im Gottesdienst und denken darüber nach, dass es anderen auf der Erde nicht so gut geht wie uns.« So der theologische Vater. »Wann ist Jesus gestorben?«

Dieses Mal kam ihre Antwort prompt, und sie sagte mit fester Stimme: »Das weiß ich! Am Totensonntag ist Jesus gestorben!«

Diese Antwort hatte ich nicht erwartet. Sie wiederholte es noch einmal: »Genau, darum heißt es ja auch Totensonntag, weil Jesus da gestorben ist!«

Sie lächelte mich an. Das war doch ganz gewiss richtig, sagte ihr triumphierender Blick, immerhin war die Erläuterung so naheliegend wie beim Erntedank.

Natürlich hatte ich Karfreitag erwartet. Aber vielleicht steckte ja auch ein richtiger Gedanke darin? Denn was tun wir als Christen am Totensonntag? Dann gedenken wir derer, die im ablaufenden Kirchenjahr gestoben sind. Darüber hinaus erinnern wir an alle Toten, denen wir durch die christliche Auferstehungshoffnung verbunden bleiben.

Soweit liegen Totensonntag und Karfreitag inhaltlich also gar nicht auseinander. An beiden Tagen erinnert uns die Kirche an den Tod, dem alle Menschen unterworfen sind. Der Tod ist eine Realität. Keiner kommt an ihm vorüber. Am Ende unseres Lebens steht unweigerlich der Abbruch der menschlichen Existenz und Gottes letztes Wort über uns. Wir hoffen und glauben, dass es gnädig ist.

Nein, der Glaube soll den Tod nicht kleinreden, wie es manchmal geschieht. Er soll nicht vor seinem Schrecken ausweichen und sich in Nichtigkeiten zu retten versuchen. Der Glaube nimmt nichts vom Schrecken des Todes.

Das alles hatte meine Tochter natürlich nicht bedacht, als sie Karfreitag und Totensonntag verwechselte. So falsch aber lag sie doch gar nicht mit ihrer unorthodoxen Antwort.

Ich habe dann eingesehen: Es gibt auch ein Zuviel des Guten. Meine Tochter und das Kirchenjahr – irgendwie ging es nicht in ihren Kopf hinein, der ansonsten so geordnet war.

Natürlich ist das Elternhaus für die christliche Erziehung mit verantwortlich. Das geloben Eltern wie auch Patinnen und Paten bei der Taufe. Aber ist es den Eltern und Paten oder Patinnen eigentlich unbedingt aufgegeben, ihr Kind bzw. ihr Patenkind im Ablauf des Kirchenjahres zu unterweisen? Dazu ist ja der Konfirmandenunterricht da, die Zeit, in welcher der junge Mensch sich mit dem Glauben und der Kirche sowie mit anderen Religionen auseinandersetzen kann.

Also überließ ich die Kenntnisnahme des Kirchenjahres dem pädagogischen Geschick meines nachbarschaftlichen Kollegen. Ich hatte das feste Vertrauen: Er wird es schon hinkriegen, die Sache mit dem Kirchenjahr.

———————•———————

»Er muss wachsen, ich aber muss abnehmen.«
(Evangelium nach Johannes 3,30)

Kultur ist sch...

1994 startete ich zu Beginn meiner Bremer Tätigkeit mit zwei jungen Helfern und zwei Begleitmüttern sowie mit wenigen Teilnehmerinnen und Teilnehmern eine Fahrrad-tour für Kinder und Jugendliche der Domgemeinde. Dieses Programm kam so gut an, dass die Gruppe von Jahr zu Jahr größer wurde. Irgendwann fuhr die Gesamtgruppe dann in drei kleineren Gruppen durch die Lande. Mittags gab es für jede Gruppe einen Imbiss, den ich mit einem VW-Bulli zum Treffpunkt brachte, mit dem ich auch das Gepäck beförder-te. Wir übernachteten in Jugendherbergen, Gemeindehäu-sern und manchmal unter freiem Himmel. Der Spitzname der Fahrradtour am Dom lautete »Pu-Tour«.

Ein Vater, der häufig mitfuhr, achtete darauf, dass die Kul-tur nicht zu kurz kam. So hatte ich die Gesamtgruppe im Kloster Corvey an der Weser zu einer Führung angemeldet. Es lag an der Route der damaligen Fahrradtour. Wir besich-tigten zuerst eingehend das berühmte Westwerk der alten Klosterkirche und schauten uns das Grabmal des Dichters Heinrich Hoffmann von Fallersleben (1798–1874) an, der das »Lied der Deutschen« auf Helgoland gedichtet hat und auf dem Friedhof neben der Klosterkirche beerdigt liegt.

Ich bemerkte, dass bei einigen jungen Teilnehmerinnen und Teilnehmern doch gewisse Ermattungserscheinungen auftraten. Aber wir hatten ja noch die berühmte Bibliothek im Schloss Corvey vor uns, an der Hoffmann von Fallersleben von 1860 bis zu seinem Tod als Bibliothekar gewirkt hatte. Schließlich lieferte uns die engagierte Führerin dort am Eingang ab und beendete mit einigen Erklärungen ihren Rundgang. Die Bibliothek in Corvey mit dem Bestand von 74.000 Büchern gehört heute zu den größten deutschen Privatbibliotheken. Gespannt wartete ich darauf, sie betreten zu dürfen.

Pfarrer und Pfarrerinnen sind häufig buchbegeistert – auch im Zeitalter der zunehmenden Digitalisierung. Ich zähle mich dazu. Das Verlangen, Bücher zu erwerben, beginnt oft schon im ersten Studiensemester oder gar noch früher. Eine eigene Bibliothek ist häufig der ganze Stolz eines Pastors oder einer Pastorin. Liebevoll schweift dann der Blick über die Buchrücken dieses Schatzes hinweg. Hier und da nimmt man einen Band heraus, pustet den Staub ab und stellt die Kostbarkeit sorgsam zurück, so man nicht darin liest. Vielfach hat man eine Ge-

schichte mit den Büchern. Schön ist es, wenn man sich erinnert, welches Buch man wo gekauft hat. In der Bibliothek
kann man sich vom Alltag erholen. Man lässt vieles hinter
sich, wenn man seine Bücherwelt betritt. Und manchmal

helfen einem die Bücher auch, die großen und kleinen Alltagssorgen ganz einfach zu vergessen. Das Buch wird dann zum stummen Seelsorger.

Nach einer Einweisung schlurften wir, die Schuhe in Filzpantoffeln geschoben, durch die vielen ineinander übergehenden Räume der Bibliothek. Die Gesamtgruppe verlor sich langsam in verschiedenen kleinen Gruppen. Wunderbar waren die Bücherschränke auf den alten Holzbohlen des Fußbodens anzuschauen. Wie sorgsam waren sie getischlert. Hinter ihren Glastüren verbargen sich gewaltige Schätze bibliophiler Buchkunst. Und plötzlich war ich allein. Meine Wangen glühten. Hier war meine Welt. Hier hätte ich mich zu gern für 24 Stunden einschließen lassen.

Doch da kam sie mir lustlos entgegen. Ihr Blick war gelangweilt. Ihre Augen waren matt. Sie schritt langsam vor sich hin – und zwar Richtung Ausgang. Fast hilflos schaute sie mich an. Ich weiß noch, wie sie gequält zu mir sagte: »Pu, Kultur ist sch...«

Lassen wir es so stehen. Sie sagte es ausführlicher. Aber das würde ihr und ihrer Familie nicht gerecht werden. Ich höre noch heute den hilflosen Ton in ihrer Stimme. Sie war sonst so fröhlich und ihre Augen lachten gerne. Nun aber kam zu ihrer wohl allgemeinen Fahrradtour-Ermattung noch eine Sonderermattung angesichts der vielen alten Bücher hinzu. Im Gegensatz zu mir fühlte sie sich offensichtlich erschlagen.

»Pu, Kultur ist ...«

Ich war zwischen meiner Buchbegeisterung und meiner Seelsorgepflicht hin- und hergerissen. Eigentlich geht der Mensch doch grundsätzlich vor, sagte mir mein Gewissen. Da leidet jemand und du denkst nur an dich! Menschliche Hilfe ist angesagt. Nun mal schnell!

Und da waren andererseits die vielen herrlichen Bücher, stumm und doch so verführerisch. Mal etwas ganz anderes, als auf einem Fahrrad viele Kilometer an der Weser bergauf und bergab zu strampeln – wenn man nicht den VW-Bulli fuhr.

»Pass auf«, sagte ich der geschundenen Seele vor mir, »wir haben noch ungefähr eine halbe Stunde. Geh du schon mal hinaus und ruhe dich einfach ein bisschen aus.«

Dankbar blickte sie mich an. Und dankbar blickte ich mich selber an, weil ich noch eine halbe Stunde vom Glück der Bücher nippen konnte. Bücher sind Lebensbegleiter. Sie sind schweigsame und zugleich beredte Zeugen unseres Lebens. Ja, irgendwann einmal müssen wir sie hergeben, aus welchem Grund auch immer. Einmal muss es ja sein. Dann gilt es, Abschied zu nehmen. Und dann müssen wir stark sein.

Aber solche Gedanken hegte sie natürlich noch nicht. Für sie war es einfach zu viel. Unsere Wege trennten sich. Sie eilte nun schnurstracks dem Ausgang entgegen. Ich verlor mich weiter von Raum zu Raum, von Schrank zu Schrank, gefüllt mit den Zeugen einer spannenden Vergangenheit. Das baute mich auf. Das stärkte mich. Das machte mich damals und das kann mich heute gelassen machen. Meine Bücher und ich.

Aus einer gelangweilten Dreizehnjährigen ist im Übrigen längst eine erwachsene Frau geworden. Ich habe mir sagen lassen, dass sie gerne Kunstausstellungen besucht und sich überhaupt sehr für Kultur – auch für Bücher – interessiert. Hier investiert sie einen Teil ihrer freien Zeit, die ihr verantwortungsvoller Beruf ihr lässt.

Es lohnt also doch, junge Leute langfristig für Kultur zu begeistern. Man muss es nur durchhalten und hier und da einmal die Zügel anziehen oder sie im rechten Moment auch einfach mal locker lassen.

———•———

»Die Frucht des Geistes ist Liebe, Freude, Friede,
Geduld, Freundlichkeit, Güte, Treue.«

(Galater 5,22)

Die Maus in der Hose

Wir saßen in einem Besprechungszimmer im Domgemeindehaus in der Sandstraße. Hier waren wir ungestört, denn ein Seelsorgegespräch erfordert Ruhe und konzentriertes Zuhören. Das nimmt den Druck für diejenigen, die sich manches von der Seele reden müssen. Verschwiegenheit ist selbstverständlich!

Doch etwas störte meine Aufmerksamkeit: Es juckte an meinem linken Bein. Zuerst nahm ich es gar nicht so genau wahr, ein Jucken kommt schließlich einmal vor. Aber dieses Jucken hier war beweglich. Es wanderte in meinem Hosenbein hinauf, statt an demselben Fleck zu bleiben. Da, schon wieder. Was war das? Etwa ein Tier? Das würde mir keiner abnehmen. Und schon gar nicht während eines Seelsorgegesprächs.

Meine Konzentration schwand. Was sollte ich machen? Schließlich musste ich etwas tun und sagte gerade heraus die Wahrheit: »Ich glaube, ich habe ein Tier in meinem linken Hosenbein.«

Die Dame warf mir einen verständnislosen Blick zu.

Das Tier – was immer es auch für eine Kreatur war – hatte nun den linken Oberschenkel erreicht. Langsam wurde es wirklich ungemütlich. Es war eine total lächerliche Situation. Kein Seelsorgelehrbuch hatte sie meines Wissens je behandelt.

»Entschuldigen Sie, bitte, ich muss jetzt mal aufstehen!«

Also stand ich mitten im Gespräch auf und klopfte mit meiner linken Hand auf die Innenseite meines linken Oberschenkels. Das alles geschah in Windeseile. Mein Gegenüber hatte im Übrigen noch gar nicht verstanden, in welcher Notlage ich mich befand und sprach einfach weiter.

Und noch ein kräftiger Schlag! Schon rutschte etwas beinabwärts und fiel aus meinem Hosenbein heraus. Es war eine Maus! Sie lag sichtlich benommen ob meiner ängstlichen Schläge vor mir. Mir schwante: Ich hatte die arme Maus vollkommen k. o. geschlagen. Ich war ziemlich ratlos, was nun zu tun sei. Das kleine Tier lag vor mir und kam gar nicht mehr zu sich. Sollte ich sie vielleicht sogar totgeschlagen haben, durchfuhr es mich ...

Meine Schwiegermutter pflegte in außergewöhnlichen Situationen zu sagen: »Wenn ich das in meinem Club erzähle!«

Ich eilte nach draußen. Mein Gegenüber hatte mittlerweile geendet und schwieg. Draußen rief ich um Hilfe. Unsere Mitarbeiterin kam, schaute sich alles an, holte beherzt eine Schaufel und brachte die arme Maus auf ein Beet im Kanzleihof des Doms. Ich war ihr sehr dankbar, denn ich mag keine Tiere anfassen, keinen Löwen, keinen Walfisch und eben auch keine Maus, Echsen und Schlangen schon gar nicht.

Ich hatte kräftig zugelangt und mein Bein schmerzte an der entsprechenden Stelle noch längere Zeit. Wer aber war die Maus, die so einfach in mein linkes Hosenbein gekrochen war? Ziemlich frech, wie ich damals fand, aber auch durchaus vertrauensvoll, wie ich heute mit zeitlichem Abstand meine.

Es könnte ja unsere Dommaus gewesen sein. Es heißt von ihr, dass sie ab und zu – allerdings nur nachts, wenn kein Mensch im Dom ist – ihren Platz auf dem Hochchor verlässt und im Dom hin- und herläuft. Sie soll dies in der Hoffnung tun, dass irgendein Besucher oder irgendeine Besucherin etwas Essbares im Dom hat liegen lassen.

Aber was wollte sie dann im Gemeindehaus? Vielleicht war ihr zu Ohren gekommen, dass es dort im Kühlschrank auch etwas für hungrige Mäuse gäbe? Wir wissen es nicht. Jedenfalls ist den Küstern nichts aufgefallen. Die Dommaus ist stets an ihrer Stelle im Dom gewesen, sagten sie.

Vielleicht bestand aber auch eine gewisse Vertrautheit zwischen dem Tier und mir, denn ich selber bin auch eine Maus! Ich gehöre nämlich dem Verein »Die Maus, Gesellschaft für Familienforschung, Bremen« an. Die Maus wurde nach dem Ersten Weltkrieg gegründet – wohl in der »Mausefalle«, ein Raum in den ehemaligen Ratsstuben am Markt. Sie betreibt heute ihre Geschäftsstelle im Bremer Staatsarchiv, Am Staatsarchiv 1. Wer seine Familie erforschen möchte, ist dort stets willkommen.

Und übrigens: Die Maus war später nicht mehr zu sehen. Sie hatte meine Attacke überlebt und war fort, wohin auch immer – vielleicht zurück an ihren Platz im Bremer Dom?

————●————

»Da redete Gott mit Noah und sprach: Geh aus der Arche,
du und deine Frau, deine Söhne und die Frauen deiner Söhne mit
dir. Alles Getier, das bei dir ist, von allem Fleisch, an Vögeln,
an Vieh und allem Gewürm, das auf der Erde kriecht, das gehe
heraus mit dir, dass sie sich regen auf Erden und fruchtbar
seien und sich mehren auf Erden.«

(1. Mose 8,15–17)

Lachen in der Kirche

Wir hatten das Eingangslied gesungen. Nun kamen Gebet, Lesung und Predigt. Die Gemeinde machte es sich gemütlich. Manche Gottesdienstteilnehmer und Gottesdienstteilnehmerinnen ließen den Blick zum Altar und weiter hoch ins Gewölbe des Doms schweifen. Die erste Aufregung des Einzugs hatte sich gelegt. Und alle hatten das wunderschöne Kleid der Braut bewundern können.

Plötzlich krachte es neben der Orgel auf dem Hochchor. Die Gemeinde riss die Augen auf. Da, wieder! Alle starrten zum Organisten. Der war mit den Hinterbeinen seines Stuhles in den Rost der Fußbodenheizung geraten und saß nun ziemlich unglücklich da, die Knie ungewohnt nach oben gerichtet und der Oberkörper nach hinten. Aber er schien sich nicht verletzt zu haben. Nach dem ersten Schrecken atmete die Gemeinde auf. Der Organist konnte sich aus seiner unglücklichen Lage befreien und fand einen anderen Stuhl.

So weit, so gut. Aber dann prustete die Braut los. Ihre ganze Aufregung und die ganze Anspannung der Hochzeitsvorbereitungen entluden sich mit einem Mal. Sie fing an zu lachen, und sie lachte und lachte und konnte gar nicht mehr aufhören.

Zuerst konnte ich mich noch beherrschen. Aber das Lachen der Braut steckte mich unwillkürlich an. So begann auch ich zu lachen. Und nun lachten die Braut und der Pastor, und ich glaube, der Bräutigam und die Trauzeugen ebenso. Schließlich lachte die ganze Gemeinde. Ob der Organist auch lachte, erinnere ich nicht.

Wie aber kann man so eine Situation beenden? Was hilft da? Man muss einfach tief durchatmen, das half auch hier.

Bis dahin kannte ich das Lachen in der Kirche nur aus dem Unterricht und von meinem ersten Abendmahl her. So habe ich immer wieder vom Lachen geschüttelte Konfirmanden und Konfirmandinnen aus dem Lehrsaal schicken müssen.

Im Übrigen habe ich selber einen regelrechten Lachanfall während meines ersten Abendmahls im Dom erlitten. Dies fand am Sonnabend nach der Konfirmation am Altar des Mittelschiffs statt. Die Situation war für mich damals so fremd, so aufgeladen, so heilig, dass ich in ein schallendes Gelächter ausbrach. Es war schrecklich für mich, aber ich konnte mich nicht beherrschen. Ich weiß noch, wie mir der Vater eines Freundes einen bitterbösen Blick zuwarf. Doch es ging mir wie der Braut, die ich Jahrzehnte später auf dem Hochchor des Doms trauen sollte und mancher Konfirmandin und manchem Konfirmanden, die oder den ich vor die Tür schicken musste: Wenn die sakrale Situation zu »schwer« wird, dann ist das Lachen eine mögliche Reaktion darauf, vielleicht sogar eine Erlösung.

Ich habe immer auch versucht, dies meinen Konfirmandinnen und Konfirmanden anhand meines persönlichen Beispiels zu erklären – aber ebenso den Ablauf des Abendmahls, das heute vor der Konfirmation stattfindet, mit ihnen regelrecht geprobt. Wie gut, dass wir nun auch Kinder zum Abendmahl einladen. Es ist sinnvoll, sie frühzeitig an dieses Sakrament zu gewöhnen.

———•———

»Barmherzig und gnädig ist der Herr,
geduldig und von großer Güte.«
(Psalm 103,8)

Ein reinigendes Donnerwetter

Fahrradtour durch Ostholstein. Die Sonne brannte unbarmherzig auf die drei tapferen Gruppen herunter, aus denen die Gesamtgruppe bestand. Was ich jedoch beim Mittagsimbiss hatte feststellen können: Alle Jugendlichen waren bester Laune!

Ich fuhr mit dem VW-Bulli vorweg und kam, wie geplant, entsprechend früher in der Jugendherberge an, in der wir uns für die kommende Nacht angemeldet hatten. Der Wagen fand rasch ein schattiges Plätzchen und in Erwartung meiner tollen Jugendgruppe stellte ich mich wohlgelaunt der Jugendherbergsmutter vor.

Die aber hatte schlechte Laune, wie ich sofort feststellte. Sie nörgelte, sie war unleidlich, sie schimpfte halblaut vor sich hin. Dies und das ginge nicht und jenes sei überhaupt unmöglich, wie sie befand. Ich würde es schon sehen, so ihre finstere Prognose. Ich empfand sie als vollkommen ungastlich.

Hatte ich, so fragte ich mich, irgendwo einen Fehler gemacht? War irgendetwas bei der Anmeldung schiefgelaufen? Das hatte ich noch nie erlebt – eine solch nörgelnde Herbergsmutter.

Dann kamen die drei Gruppen, der Vorplatz der Jugendherberge bevölkerte sich mit nach Wasser japsenden, aber fröhlichen bis ausgelassenen Jungen und Mädchen. Und nun begann die allabendliche Verteilung der Zimmer! Das war jedes Mal ziemlich nervenaufreibend. Eines war klar: Es gab nur Mädchenzimmer und nur Jungenzimmer, eine Mischform, wie öfter von den Teilnehmerinnen und Teilnehmern gewünscht, nicht.

Dann bezogen die Gruppen ihre Zimmer und es wurde im Eingangsbereich deutlich ruhiger. Plötzlich stand die Herbergsmutter wieder vor mir und raunzte mich an: »Dass Ihre Teilnehmer so einfach Müll aus dem Fenster werfen, das geht aber gar nicht!«

Ich fragte sie, wo denn der Müll läge. Sie zeigte mir den Ort und ich sah mir den Müll genauer an. Er hatte ganz offenkundig schon länger dort gelegen. Dann eilte ich in den ersten Stock der Jugendherberge und klopfte bei den Jungen- und Mädchenzimmern an. Die Antwort war meistens ein gemeinsames Gelächter.

»Ich bin es, Pu!«

Die enttäuschte Antwort: »Ach so, komm rein!«

Ich trug den Jungen und Mädchen vor, was die Herbergsmutter mir mitgeteilt hatte.

»Das waren wir nicht, ganz bestimmt nicht!«

In allen Zimmern meiner Fahrradgruppe erhielt ich dieselbe Antwort. Und da packte mich mit einem Male der Zorn. Ich lief die Treppe wieder hinab und stellte die Herbergsmutter zur Rede.

»Wissen Sie was? Meine Jugendlichen waren das nicht! Ich habe überhaupt keinen Zweifel daran! Gucken Sie sich den Müll mal genauer an, er ist einwandfrei älter als einen Tag! Und wenn die Jungen und Mädchen mir sagen, sie seien es nicht gewesen, dann glaube ich ihnen das auch!« So donnerte ich ihr meine Meinung in die Ohren.

Und da knickte sie ein, rums. Mit einem Male wurde sie zugänglich, sie wurde freundlich, sie wurde zuvorkommend. Ich wusste gar nicht, wie mir geschah.

»Möchten Sie einen Kaffee?«, fragte sie mit sanfter Stimme. Das Kriegsbeil zwischen uns war in Windeseile begraben.

»Aber gerne doch!«

Wir wurden zwar keine Freunde, die Herbergsmutter und ich. Aber sie las mir von nun an fast jeden Wunsch von den Lippen ab. Welch gastliche Jugendherberge, dachte ich schließlich sogar. Manchmal muss man allerdings klar und deutlich seine Meinung sagen. Manchmal müssen wir den anderen zeigen, woran sie bei uns sind. Ab und an ist ein Donnerwetter in Gottes Namen einfach dran.

Wahrscheinlich hatte die Herbergsmutter vor meiner Ankunft einfach einen schlechten Tag gehabt. Vielleicht war irgendetwas anders gelaufen, als sie es sich vorgestellt hatte. Da hatten wir möglicherweise als Blitzableiter gedient. Das ist menschlich. Wer kennt es nicht von sich? Schon bald nahm ich die Sache mit Humor – und ab und zu denke ich noch heute an diese Situation zurück. Unser Zorn mag hier und da berechtigt sein, aber er sollte sich irgendwann in ein Lächeln verwandeln. Es ist schade, wenn bei Konflikten etwas nachbleibt. Das ist es meist auch gar nicht wert.

———•———

»Seid aber untereinander freundlich und herzlich und vergebt einer dem andern, wie auch Gott euch vergeben hat in Christus.«

(Epheser 4,32)

Als die Hirten Fahrstuhl fuhren

Über viele Jahre fand in der Weihnachtsfeier des Bremer Johanniterhauses ein Krippenspiel statt, aufgeführt von Domkindern und als Generalprobe für das Krippenspiel im Dom am Heiligen Abend gedacht. Im festlich geschmückten Saal des Hauses warteten dann die Seniorinnen und Senioren bei Andacht, Kaffee und Bremer Klaben auf die Kinder. Das Krippenspiel war stets der Höhepunkt der Adventsfeier im Johanniterhaus.

Und dann war es so weit: Ein Sprecher leitete das weihnachtliche Spiel ein und eine Reihe aufgeregter großer und kleiner Engel schwebte unter Aufsicht des Engels des Herrn in den Saal. Es folgten der Regie nach im weiteren Spielverlauf der Auftritt von Maria und Josef, vom Wirt, den Hirten, dem König Herodes zu Jerusalem und schließlich von den Heiligen Drei Königen. Am Ende versammelten sich alle Spieler und Spielerinnen noch einmal vor der Krippe. Dann beschloss der Sprecher das grandiose Schlussbild.

So auch in diesem Jahr. Die Engel mit Sternen aus Goldpapier auf dem Kopf und goldene Flügeln traten auf, danach die hochschwangere Maria mit Josef. Wie in jedem Jahr verwies der Wirt der Herberge das Paar in den Stall, weil sein

Gasthaus überfüllt war. Danach traten die Hirten auf: Sie wärmten ihre Hände am symbolischen Feuer, als sich ihnen majestätisch der Engel des Herrn näherte. Er verkündete den armen Hirten die frohe Botschaft – das Evangelium von Jesus Christus – und die beherzten Hirten zögerten nicht lange und machten sich rasch auf den dunklen Weg zum hellen Stall in Bethlehem. Dort legten sie, wie in den Proben mehrfach eingeübt, ihr Fell vor der Krippe ab, darin der Sohn Gottes lag. Lieber wollten sie selber frieren als das heilige Kind dort im Stall! Anschließend zogen sie sich laut Regieanweisung von der Krippe wieder zurück und verschwanden in einer dunklen Ecke des Saales. Ihnen folgten König Herodes zu Jerusalem samt Ehefrau und die Heiligen Drei Könige mit ihren Auftritten.

Zwischen den einzelnen Szenen sang die Gemeinde die altvertrauten Lieder und hörte die Weihnachtsgeschichte, so wie der Evangelist Lukas sie aufgeschrieben hat.

Langsam näherte sich das mit viel Herzblut eingeübte Krippenspiel seinem Ende. Zum Schluss sollten alle Spielerinnen und Spieler noch einmal gemeinsam auftreten. Wo aber waren die Hirten?

In der dunklen Ecke des Saales, wo sie zuletzt gesehen worden waren und auch hätten sein sollen, befanden sie sich jedenfalls nicht mehr. Während der Gesang der Senioren und Seniorinnen sich dem Ende näherte, begann ein hektisches Suchen.

Und siehe da: Die Hirten fuhren Fahrstuhl! Sie kannten das Krippenspiel in- und auswendig, sie hatten es ja auch oft genug geübt – und ach, da kann selbst das schönste Krippenspiel langweilig werden. Darum waren die Hirten einfach ausgebüxt und fuhren zur Abwechslung mit dem Fahrstuhl in der Eingangshalle des Johanniterhauses die Etagen rauf

und runter. Das hatten sie noch nie probiert und das machte so richtig Spaß! Und was besonders toll war: Dieser Fahrstuhl fuhr zur Sicherheit der Bewohner und Bewohnerinnen extra langsam – einfach super für junge und an Technik interessierte Hirten.

Zum Glück hatten die Zuschauerinnen und Zuschauer diese Sonderaktion der Hirten gar nicht bemerkt, wie sich später herausstellte. Irgendwie schafften es nämlich die anderen Kinder des Krippenspiels mithilfe der leitenden Mutter, die Zeit bis zur zweiten Ankunft der Hirten im Saal zu überbrücken. Diese kamen dann auch wie angewiesen zurück, den

Hut etwas schief auf dem Kopf, den Hirtenstab aber fest in der Hand und zugleich doch ein wenig schuldbewusst. Alles nahm seinen Lauf – ohne weitere Verzögerung.

Die Seniorinnen und Senioren dankten es den Kindern, der Leiterin und den Müttern durch einen langen Beifall. Ja, das Krippenspiel war auch in diesem Jahr der Höhepunkt der Adventsfeier gewesen, dem der traditionelle Punsch folgte.

Die Kinder öffneten derweil im Nebenraum die Tüten voll weihnachtlicher Genüsse, welche ihnen das Haus zum Dank geschenkt hatte. Und die Hirten? Nun, das Donnerwetter der Regie fiel gemäßigt aus, wie zu erwarten. Im Übrigen hatten die Hirten eines erreicht: So schön die Weihnachtsbräuche auch sind, es kommt immer wieder auf ihre Botschaft an! Hier lautete sie: Man darf zu Weihnachten auch einmal neue Wege im Leben einschlagen, so wie Gott es schließlich ja auch tut. Und im Dom lief am Heiligabend dann alles glatt – schließlich gibt es dort auch keinen Fahrstuhl.

———————•———————

»Und das Wort ward Fleisch und wohnte unter uns,
und wir sahen seine Herrlichkeit, eine Herrlichkeit als des
eingeborenen Sohnes vom Vater, voller Gnade und Wahrheit.«

(Evangelium nach Johannes 1,14)

Der Kunstpfeifer

Und alle Jahre wieder: Pu-Tour! Ich mietete einen VW-Bulli und fuhr bei der Stadthalle vor. Dort hatten sich bereits die teilnehmenden Kinder und Jugendlichen mit ihren Vätern und Müttern eingefunden. Der große Bus mit Fahrradanhänger wurde ordnungsgemäß beladen und ab ging es.

Es war ein Abenteuer, jedes Jahr aufs Neue! Die Radtour begann am ersten Ferientag – meistens ein Donnerstag – und endete am Mittwoch darauf. Dann gaben wir, die Leitenden, die abgestrampelten jungen Teilnehmer und Teilnehmerinnen auch gerne an ihre Eltern zurück. Alle waren reif für die weiteren Ferien und reif für die dringend notwendige Erholung nach dem Schuljahr.

Dieses Mal ging es nach Sachsen. Die sächsische Schweiz wurde erkundet, übernachten konnten wir von Sonnabend auf Sonntag in Dresden an Bord eines Jugendschiffs – eine schwimmende Jugendherberge am Elbufer. Es war über Jahre Usus, dass wir am Sonntag gemeinsam einen Gottesdienst der Gemeinde besuchten, in deren Bezirk wir wohnten. Und das war in diesem Fall die Kreuzkirche Dresden.

So wanderten oder fuhren wir – ich weiß es nicht mehr – zur nahe gelegenen weltberühmten Kirche. Leider sang der

Knabenchor, die Kruzianer, an diesem Tag nicht im Gottesdienst, dafür aber trat ein Kunstpfeifer auf. Der Pfarrer,
der den Gottesdienst hielt, kündigte ihn der versammelten
Gemeinde dankbar an. Der Kunstpfeifer sollte abends ein
Konzert in der Kreuzkirche geben und hätte sich bereit er-
klärt, im Gottesdienst am Sonntagmorgen kleinere Stücke
zu pfeifen.

Schwupp – alle Teilnehmerinnen und Teilnehmer unserer
Gruppe hatten ihren Platz gefunden und schon begann der
Gottesdienst. Ich schloss die Augen und sagte still zu mir:
»Der Kirchenschlaf ist doch der beste Schlaf.« Dazu aber
kam es nicht.

Vor mir saßen die Kinder und Jugendlichen mit den älteren und jüngeren Begleitern und Begleiterinnen. Denn eines ist klar: Wer das Wagnis eingeht, mit dreißig, vierzig
oder fünfzig und zum Schluss sogar sechzig Teilnehmern
und Teilnehmerinnen eine Fahrradtour durchzuführen, der
kann das nur mithilfe anderer bewerkstelligen. Und so hatte
sich im Laufe der Zeit eine Gruppe von Begleiterinnen und
Begleitern unterschiedlichsten Alters zusammengefunden,
welche die »Kids« in Schach hielten, sie anspornten und not-
falls trösteten.

Der Kunstpfeifer stellte sich auf. Er holte Luft und schon begann die festliche Einlage.

»Toll!«, dachte ich. »Wirklich großartig in dieser zwar nicht
schönen, aber doch so bedeutenden Kirche. Welches Erleb-

nis für die Gruppe!« Leider kann ich überhaupt nicht gut pfeifen und so bewunderte ich den Kunstpfeifer umso mehr, der uns den Gottesdienst verschönerte.

Direkt vor mir saß einer unserer Begleitväter. Ob er müde war oder einfach etwas albern – jedenfalls teilte er meine Faszination nicht. Vielmehr reizte ihn der Kunstpfeifer zum Lachen. Denn der Pfeifer spitzte die Lippen, rundete sie, hielt sie aneinander gepresst, riss sie auseinander und entlockte somit sich selbst die wunderbarsten Töne und Melodien.

Der Vater vor mir gluckste hin und her, begann dann richtig zu lachen, sah die Kinder und Jugendlichen rechts und links von sich an und lachte bald rund um sich zu, wenn der Kunstpfeifer seine Einlage pfiff. Natürlich begannen nun die neben ihm Sitzenden ebenfalls zu lachen und bald lachte die ganze Gruppe, mehr oder weniger leise. Es war einfach schrecklich!

Ich versuchte, den vor mir sitzenden Vater zu beruhigen, was mir aber nicht gelang. Ich legte meine Hand freundschaftlich auf seine Schulter. Doch nichts half. Er hatte sich nun eingelacht und mit ihm die ganze Gruppe. Ich selber schwankte ebenfalls zwischen einerseits Lachen, aber andererseits auch Ärger hin und her.

Schließlich war klar: Unsere Gruppe war nicht mehr zu retten. Gott sei Dank war die Kirche so weitläufig, dass sich nur ein paar Besucher und Besucherinnen umdrehten und uns heftige Blicke zuwarfen. Lachen – das ging ja gar nicht in einer Kirche!

Und langsam beruhigten sich der besagte Vater und die anderen. Ihr Lachen flackerte noch einmal auf, als es dem Ende des Gottesdienstes mit gespitztem Mund entgegenging, aber schließlich war es überstanden. Für uns folgte noch eine kurze Stadtführung, dann ging es weiter, für die Teilnehmer und Teilnehmerinnen per Fahrrad, für mich mit dem VW-Bulli. Vom Pastor der Kreuzkirche hatte ich mich lieber nicht mehr verabschiedet. Außerdem war er ohnehin von anderen umringt gewesen – und auf mich wartete eine fröhliche Fahrradgruppe.

———————●———————

»Er zog aber seine Straße fröhlich.«

(Apostelgeschichte 8,39)

Der Aschenbecher aus Glas

Irgendwann schenkte mir Irmgard Tietze, die Witwe des Dompastors Gerhard Tietze, einen Aschenbecher aus dem Besitz ihres Mannes. Es ist ein runder Glasaschenbecher, auf seinem Boden ist die Fassade des Bremer St. Petri Doms eingeschliffen. Ein hübsches, schlichtes Stück. Ihr Mann hatte es einst von einem befreundeten Ehepaar aus der Domgemeinde geschenkt bekommen, sicher zu einem besonderen Anlass. Ich habe mich damals als junger Pastor am Dom sehr über diese schöne Erinnerung an meinen Konfirmationspastor gefreut. Der Glasaschenbecher steht seitdem auf dem Tisch meines Arbeitszimmers, obwohl ich gar nicht rauche.

Ich kenne den Aschenbecher bereits seit meiner Schulzeit. Nach der letzten Stunde besuchte ich meinen Pastor ab und zu im Gemeindehaus in der Sandstraße. Er öffnete mir dann die Tür, ich durfte auf einem grünen Sofa an der Längsseite eines schlichten Holztisches Platz nehmen, Tietze setzte sich an die Kopfseite.

Dann nahm er sich eine Zigarre, schnitt ihre Spitze ab und steckte sie an. Schon bald umhüllte ihn blauer Dunst. Dann fragte ich ihn nach dem Sinn des Lebens und bekam Antworten, mit denen ich leben konnte. Nie verpflichtete er mich zu irgendetwas. Er ließ mir grundsätzlich meine Freiheit. Nebenbei erzählte er mir aus seinem Leben, vom Krieg, von der schweren Zeit danach. Dabei füllte sich der besagte elegante Glasaschenbecher mit der Asche.

Tietze war in Danzig-Oliva geboren und hatte bis Kriegsende eine Pfarrstelle in Kulm versehen. Später war er in Bethel tätig gewesen und hatte den Talar des jüngeren Pastors Friedrich von Bodelschwingh getragen. 1946 war er an den Bremer Dom gekommen. Oft sagte er zu mir: »Peter, du musst mit den Augen stehlen.«

Das war ein Wort, das er gerne wiederholte. Mit den Augen stehlen – das hieß für ihn: aufmerksam und achtsam zu sein, sich zu bilden und zu reifen.

Am Ende seiner Zigarre wusste ich: Nun ist die Zeit vorüber. Fast fiel ich dann aus seinem Amtszimmer in den kleinen Vorflur. Die Seelsorgestunde war um und ich hatte eine Menge zum Nachdenken mitbekommen.

Der Aschenbecher ist für mich ein stummer Zeuge von Tietzes pfarramtlicher Tätigkeit, von seiner Jugendarbeit, seiner Seelsorge. Rauschwaden hatten den Pastor während des Gesprächs umhüllt. Er hatte gar nicht erst gefragt, ob er rauchen dürfe. Er tat es einfach. So sah Seelsorgearbeit – sprich Jugendarbeit – damals auch aus. Ach, wenn der Aschenbecher erzählen könnte! Was hat er alles mitbekommen im Laufe der Jahre?

Ich ging damals mit fünfzehn, sechzehn, siebzehn Jahren gestärkt aus solchen Gesprächen hervor. Tietze gab mir Vertrauen mit. Er führte mich aus der Enge in die Weite; »Herr, du stellst meine Füße auf weiten Raum.« (Psalm 31,9)

Er war ein konservativer und zugleich liberaler Lutheraner. Er war kritisch, aber auch empfindlich, wie ich fand. Neben dem Dompfarramt kümmerte er sich jahrelang um die

Bremer Vertriebenenhilfe und um seine versprengte frühere Kulmer Gemeinde. Er war Mitglied der Prüfungskommission der Bremischen Evangelischen Kirche, was ihn mit Stolz erfüllte.

Heute würde Tietze in der Kirche so wohl nicht mehr ankommen. Die Zeiten der Pfarrherren sind vorbei. Die Kirche hat sich nach außen und innen verändert, so wie es zu seinen Lebzeiten wahrscheinlich kaum jemand für möglich gehalten hat. Uns brennen andere Themen unter den Nägeln als seiner Generation.

Der schlichte Glasaschenbecher mit der eingeschliffenen Domfassade erinnert mich an meinen Pastor und ist für mich nun ebenso ein stummer Begleiter wie damals für Tietze. Ich bin meinem Pastor dankbar, dass er sich stets eine Zigarrenlänge Zeit genommen und sein Vertrauen in Gott mit mir geteilt hat.

Auf seinem Grabstein auf dem Riensberger Friedhof in Bremen steht das Bekenntnis zu lesen:

***

»Ich weiß, dass mein Erlöser lebt.«

(Hiob 19,25)

Haben Sie nicht etwas vergessen, Herr Pastor?

»Wenn etwas schiefgeht, dann müssen Sie so tun, als wäre das geplant.« Diesen weisen Rat gab mir ein Bestatter in Bremerhaven mit, den ich dort zu Beginn meiner Vikariatszeit besuchte. Er bezog das natürlich auf die Bestattungen, aber es gilt ebenso für alle anderen Amtshandlungen. Und wie rasch kann sich ein Fehler einschleichen. Trotz bester Vorbereitung passiert es doch immer wieder, dass etwas vergessen oder verwechselt wird. Aber wie hat es der Künstler Nam June Paik einmal gesagt: »When too perfect, lieber Gott böse.«

Und so kam es auch bei einer meiner Trauungen im Dom. Das Brautpaar und ich hatten den Traugottesdienst in der Sakristei sorgsam vorbereitet und die wichtigsten Punkte auch direkt im Dom geprobt. Diese Gespräche vor den Amtshandlungen sind wichtig. Sie dienen nicht nur dazu, den Ablauf des Gottesdienstes zu erklären und durchzugehen. Häufig ergeben sich gute Gespräche über Lebensthemen. Hin und wieder kommt es sogar zu seelsorglichen Situationen. Ja, in manchem Traugespräch fließen auch Tränen.

So lief die Trauung auch in diesem Fall sehr gut ab, der Gottesdienst ging seinem Ende entgegen, alles hatte geklappt.

Die Gemeinde sang das Schlusslied, ich wollte noch ein paar Sätze sagen, während der Organist das Orgelstück zum Auszug registrierte. Es war alles geplant.

Da fiel mein Blick zufällig auf die Hände der Braut. Merkwürdig, dachte ich, sie trägt ja gar keinen Trauring! Aber den hatte der Bräutigam ihr doch gerade aufgesteckt! Oder? Ich geriet in Zweifel. Sollte ich den Ringwechsel etwa vergessen haben?

Die letzte Strophe des Schlussliedes war gesungen. Nun kam der Moment der Wahrheit. Sie trug keinen Ehering, und, wie ich dann sah, der Bräutigam ebenso nicht. Beide merkten, dass ich sie anschaute. Sie lächelten mich an. Sie waren glücklich. Das Hochzeitsfest lag vor ihnen. Ich lächelte zurück.

Dann drehte ich mich leicht nach rechts und sah die Bescherung: Der Ringteller lag noch genau dort, wo der Küster ihn vor der Trauung hingelegt hatte. Die bittere Wahrheit war: Der Pastor hatte den Ringwechsel vergessen. Der Pastor war ich.

»Wenn etwas schiefgeht, dann müssen Sie so tun, als wäre das geplant.« An diese Worte musste ich in diesem Moment denken. Und so sagte ich zum Brautpaar und zur Gemeinde gewandt mit fester Stimme: »Nachdem wir Gottes Wort gehört, gesungen, gebetet und unser Brautpaar gesegnet haben, wollen wir nun im Namen Gottes den Ringwechsel vollziehen.«

Dann nahm ich möglichst ruhig den Ringteller vom Altar, drehte mich zum Brautpaar, lächelte es wieder an und ging zu ihm hin. »So vollzieht nun den Ringwechsel.« Ich weiß nicht mehr, ob ich noch etwas hinzugefügt habe.

Zunächst steckte der Bräutigam der Braut den Ehering auf den Finger, dann die Braut dem Bräutigam. Es war ja alles so geplant. Noch einmal lächelte ich die beiden an. Sie erwiderten mein Lächeln. Wir waren uns einig. Sie waren glücklich und ich war nun auch zufrieden.

Der Organist begann das Ausgangstück zu spielen. Wir schritten auf dem Hochchor durch eine fröhliche Gemeinde, gingen die Treppe hinab und wandten uns zum Brautportal. Dort verabschiedete ich die beiden frisch Getrauten, dann die Gemeinde. Keiner sagte etwas zu dem verspäteten Ringwechsel, Heiterkeit auf allen Seiten.

»Schön, Herr Pastor!«

Meine Antwort: »Sie waren eine wunderbare Gemeinde!«

Dann schloss der Küster das Brautportal. Ich knüpfte mein Beffchen ab und ging zur Sakristei. Wie war das noch? »When too perfect, lieber Gott böse.«

————●————

»Lasst uns aufeinander Acht haben und uns zur Liebe
und zu guten Taten anspornen.«

(Hebräer 10,24)

Fräulein Crauel

Fräulein Crauel backte bis ins hohe Alter Seefahrerkuchen. Dieser Topfkuchen hielt sich besonders lange und wurde früher den Seefahrern mitgegeben, daher der Name. So konnten sie auf See möglichst lange Kuchen genießen. Aus alter Tradition gab es bei Fräulein Crauel Seefahrerkuchen. Mir sind vor allem die wunderbaren Rosinen in Erinnerung, die im Teig verrührt waren. Er duftete herrlich, dieser Bremerhavener Seefahrerkuchen, und er schmeckte ebenso hervorragend.

Fräulein Crauel besuchte Jahr ein, Jahr aus den Bibelkreis meines damaligen Kollegen an der Großen Kirche, Peter Gerlitz. Sie hielt sich treu zu ihm und das war auch gut so. Da ich diesen Bibelkreis selber nie besucht oder gar geleitet habe, kann ich nichts über ihn sagen. Jedenfalls waren alle Teilnehmerinnen und Teilnehmer höchst zufrieden, Fräulein Crauel eingeschlossen. Dabei konnte sie auch sehr kritisch werden. Aber bald schon verzogen sich in solchen Momenten die dunklen Wolken auf ihrem Gesicht und ein goldener Humor strahlte wieder hervor.

Sie war ein Original. Sie legte großen Wert darauf, nicht mit »Frau Crauel« angesprochen zu werden, sondern mit »Fräulein Crauel«. Darin war sie vollkommen altmodisch. Keiner hätte es sonst je gewagt, sie derart anzusprechen, wenn sie es nicht selber so gewollt hätte.

Ihr 100. Geburtstag rückte langsam heran, aber Fräulein Crauel starb nach meiner Erinnerung knapp davor. Es war klar, dass sie sich ihre Beisetzung von meinem Kollegen gewünscht hatte. Ich nahm aber am Trauergottesdienst für sie teil. Zum einen fand ich die Trauerfeiern meines Kollegen stets sehr gut und konnte immer etwas aus ihnen mitnehmen. Und zum anderen wollte ich natürlich auch persönlich von ihr Abschied nehmen, mochte ich sie doch sehr gerne.

Eine eher kleine Gemeinde hatte sich zum endgültigen Abschied in der Kapelle des Bremerhavener Friedhofs in Wulsdorf versammelt. Sie bestand aus ihrer Familie, Nachbarn und Nachbarinnen sowie den Teilnehmerinnen und Teilnehmern des Bibelkreises. Wir alle waren traurig, aber zugleich auch dankbar. Denn Fräulein Crauel war ein ganz und gar authentischer Mensch gewesen. Und einen solchen trifft man nur selten im Leben an. Sicher hatte auch sie manch Schweres in ihrem langen Leben verkraften müssen. Aber sie hatte ihren Witz und ihren Humor bis ins hohe Alter retten können.

Pastor Gerlitz bestieg die Kanzel und begann seine Predigt. Seine Trauerpredigten waren stets kleine Kunstwerke, allein schon von der Wortwahl her geschliffen, ganz abgesehen vom Inhalt. Er erzählte aus ihrem langen Leben. Er erinnerte an frühere Zeiten, an Bibelkreisteilnehmerinnen, die schon längst in die Ewigkeit berufen worden waren. Er verschwieg auch nicht, dass sie manchmal sehr eigen sein konnte.

Und dann sagte er plötzlich, zum Sarg hingewandt: »So, Fräulein Crauel, nun können Sie mal nicht widersprechen, wenn ich Sie lobe und Ihnen für vieles danke!«

Er machte eine Pause und, was während einer Trauerfeier selten vorkommt, wir alle mussten lächeln, weil es so echt war. Mit einem Male stand Fräulein Crauel lebendig vor uns. Ja, so war sie uns im irdischen Leben begegnet: herzensgut, klug, bescheiden und diszipliniert, aber hier und da auch ein wenig widerspenstig. Und plötzlich stand sie lebendig vor uns, wie wir sie gekannt hatten. Sie schien aus einem Land herüberzuwinken, wo es ihr gut ging und sie nicht mehr widersprach. Wir lächelten. Und mit einem Male verwandelte sich die Predigt in Gottes Wort und wir alle, die wir Abschied nahmen, wurden getröstet.

Fräulein Crauel war ein Original gewesen. Sie hatte noch das alte Bremerhaven gekannt, wo fast alle alles voneinander wussten, wo man abends »bürgerte«, also die Bürgermeister-Smidt-Straße hoch- und hinunterspazierte. Sie erzählte gerne aus der Zeit, als sie jung war und ihre weltoffene Heimatstadt an der Weser noch nicht im Bombenhagel untergegangen war.

Und zu dieser Zeit gehörte zweifelsohne auch der Seefahrerkuchen. Wenn ich ihn bei ihr probieren durfte, dann saßen die alten Segelschiffkapitäne früherer Zeiten mit am Tisch, diese mutigen Männer, diese Querköppe, diese Teufelskerle, die ihre Mannschaften mit eiserner Disziplin zu großen Leistungen anspornten und vor denen man nur einen Riesenrespekt haben kann.

Fräulein Crauel nahm ihre Besucherinnen und Besucher beim Seefahrerkuchen häufig mit in ferne Länder, erzählte in ihrer kleinen Wohnung Döntjes von den alten Seefahrern. Und es war so, als ob einem dabei der Wind des Meeres um die Nase wehte. Sie hatte Tausende Geschichten im Kopf, denn Gott hatte ihr bis ins hohe Alter hinein ein wunderbares Gedächtnis mitgegeben. Und er hatte ihr noch etwas verliehen: nämlich einen wundervollen Humor. Manchmal musste man ihn erst suchen, aber wenn man ihn dann fand, war er umso herzlicher.

———•———

»Wer reichlich gibt, wird gelabt, und wer reichlich tränkt,
der wird auch getränkt werden.«

(Sprüche 11,25)

Ich biete Ihnen gerne mein Du an

Da saßen sie nun im Lehrsaal der Domgemeinde in der Sandstraße, die Jungen und Mädchen des neuen Konfirmandenjahrgangs. Erwartungsvoll blickten sie mich an und ich sie ebenfalls. Einige Jugendliche kamen zu spät. Das kannte ich schon. Neulinge verfehlten leicht den Weg. Nun waren auch sie da.

Ich ging die Liste mit den Anmeldungen durch. Einige der jungen Leute kannte ich bereits. Mit manchen verband mich sogar ein freundschaftliches Du. Entweder hatte ich sie auf der jährlichen Dom-Fahrradtour für Kinder und Jugendliche kennengelernt und war dort mit ihnen zum Du gekommen. Oder ich hatte sie getauft und war mit ihren Familien befreundet oder wenigstens gut bekannt.

Manche allerdings kannte ich noch nicht. Wie immer sie den Weg zum Dom und zu mir gefunden hatten – nun saßen auch sie da. Die neuen Konfirmandinnen und Konfirmanden waren die ersten Male stets etwas befangen. Was würde auf sie zukommen? Ihre Zurückhaltung legte sich aber mit der Zeit. Wir wuchsen zusammen, spätestens bei einer der beliebten »Konfus-Fahrten«, von denen alle übermüdet, aber meist zufrieden zurückkehrten.

Bis dahin aber benötigte es Geduld. Die Gruppenbildung innerhalb der Gesamtgruppe forderte mich bisweilen geradezu heraus. So war es undenkbar, alte Freunde und Freundinnen einfach auseinanderzureißen. Das jedoch ergab sich manchmal beim Kennenlernen. Mir kam es dann so vor, als müssten die Freunde und Freundinnen für ihr ganzes weiteres Leben Abschied nehmen. Wahrhaft herzzerreißend.

Auf den pädagogischen Rat unseres Ausbilders für den Konfirmandenunterricht hin hatte ich mir vorgenommen, mich im Pfarramt niemals von Kindern und Jugendlichen duzen zu lassen. Aber, um auf die Fahrradtouren zurückzukommen, am ersten Tag sagten die neuen Teilnehmer und Teilnehmerinnen zu mir »Herr Pastor Ulrich«, am nächsten Tag »Pastor Ulrich«, dann »Herr Ulrich«, schließlich »Peter« und endgültig »Pu«. Es ergab sich so.

Anders beim »Konfus« auf der Dominsel. Jedes Mal setzte ich den neuen, mir bis dato noch unbekannten Konfirmanden und Konfirmandinnen auseinander, dass es nun folgendermaßen so wäre: Sie möchten mich bitte mit Sie ansprechen, die anderen mit Du, und es würde deswegen auch nicht zu Ungerechtigkeiten kommen. Und das ging Jahr für Jahr gut.

Bis auf einen Jahrgang. Hier gab es eine Gruppe von fünf Jungen in der Gesamtgruppe. Sie waren alle unterschiedlich groß und ihre Stimmen krächzten unterschiedlich hoch und tief. Sie fanden den Unterricht nach meiner Beobachtung zumindest akzeptabel. Zuweilen unterhielten sie sich lauter als erlaubt, was störte. Ich taufte sie heimlich auf »die Fünf von der Tankstelle«. Ich hätte sie auch als »Bande« bezeichnen können. Aber sie waren geschickt und schafften es jedes Mal, meinen beginnenden pastoralen Ernst in ein harmloses Ermahnen zu verwandeln.

Das Konfirmandenjahr neigte sich bereits dem Ende zu. Alle sehnten die Konfirmation herbei. Die Gründe dafür waren unterschiedlich gelagert. Mich beschlich dann häufig eine gewisse Wehmut. Wir hatten uns doch gerade erst kennengelernt.

Irgendwann kam nach dem Unterricht ein Mitglied der »Fünf von der Tankstelle« zu mir. Er besaß beste Manieren und hatte sich überhaupt die ganze Zeit über tapfer geschlagen.

»Herr Pastor Ulrich, ich möchte etwas mit Ihnen besprechen.«

So begann er das Gespräch und wartete erst gar nicht ab, ob ich das Gespräch überhaupt führen wollte.

»Herr Pastor Ulrich, meine Freunde dürfen Sie mit Du anreden, ich aber bin in der Gruppe der Einzige, der Sie mit Sie anspricht. Ich finde das ungerecht.«

Er schwieg. So etwas Ärgerliches, durchfuhr es mich. Meine pädagogischen Alarmglocken schrillten. Was nun?

Aber er nahm die Sache von sich aus in die Hand und verkündete: »Ich biete ich Ihnen gerne mein Du an.«

Er sagte dies ganz bestimmt, ganz natürlich, ganz mutig, ohne jeden Argwohn. Er sagte es so, wie es ihm ums Herz war.

»Das möchte ich aber eigentlich nicht«, erwiderte ich verblüfft. Sofort jedoch hörte ich eine Stimme in mir sagen: »Nicht doch. Das ist doch ein wunderbarer Freundschaftsbeweis!«

Also schlug ich doch noch ein und antwortete: »Gerne, ich bin Peter oder auch Pu.«

Ja, das wisse er bereits.

Ein Konfirmand, der die Sache mutig in die Hand nahm.

———————•———————

»Wachet, steht im Glauben, seid mutig und seid stark.«

(1. Korinther 16,13)

Spitze hin, Spitze her

Mit dem Studium der Theologie wird man niemals fertig. Selbst der berühmte Theologieprofessor Friedrich Daniel Ernst Schleiermacher (1768–1834) in Berlin unterzeichnete im Alter seine Briefe zuweilen mit »stud. theol.«, Student der Theologie.

Der Heilige Abend war vorüber. Die Predigt im Dom war gehalten. Nun kehrte auch im Pfarrhaus in der Sandstraße ein wenig Ruhe ein. Es war der Morgen des ersten Weihnachtstages. Aber mir steckten die Adventszeit und der Heilige Abend noch in den Knochen. Ich glaube, jede Pastorin und jeder Pastor ist nach Weihnachten etwas erledigt, sozusagen platt!

Ich saß am Küchentisch, eine wohlige Gemütlichkeit durchzog mich. Im Pfarrhaus kommt Weihnachten oft etwas später an. Der Blick ging von meinem Platz durch die geöffnete Küchentür ins Weihnachtszimmer. Dort stand der prächtige Baum und erfreute sich daran, uns zu gefallen.

Weihnachtsbäume haben nämlich eine Seele. Hans Christian Andersen hat es uns erzählt. Auch dieser Baum besaß also eine Seele. Er sagte, frei formuliert: »Auch wenn ich bald hinaus muss auf die Straße und meine Schönheit zu

Anfang des neuen Jahres verblasst und meine Nadeln fallen – zu Weihnachten leuchte ich. Da verkündige ich auf meine Weise die frohe Botschaft vom liebenden Gott, der als kleines Kind in die Welt kommt. Auch ich predige euch Menschen das Licht, das aus der Finsternis hervorscheint und auf Gottes ewige Rettung hinweist.« Und er sang durch das Licht der Kerzen: »Christ, der Retter ist da!«

Unsere jüngere Tochter spielte unter dem Baum. Ich hatte mir noch gar nicht ausführlich ihren Geschenketisch angeschaut. Sie war intensiv bei der Sache und summte und sang vor sich hin. Aber auf Erden ist nichts vollkommen. So auch in dieser herrlichen Szenerie. Der Baum besaß eine schiefe Spitze. Er war zwar makellos in die Höhe gewachsen, aber die Spitze war doch etwas schief.

Ich hatte es schon mehrfach gesagt: »Ein wunderbarer Baum, gerade gewachsen, aber die Spitze ist schief. Schade!«

Auch nun wandte ich mich versonnen an meine Frau und stellte fest: »Der Baum ist wirklich wunderbar gewachsen. Aber seine Spitze ist leider doch etwas schief.«

Da wurde es unserer Tochter zu viel. Sie sah gar nicht auf, sondern rief aus dem Weihnachtszimmer ihrem theologischen Vater zu: »Papi, Spitze hin, Spitze her: Hauptsache, Jesus ist geboren!«

Das theologische Lernen hört niemals auf. Das Studium geht immer weiter, für mich vorerst bis in diesen Morgen

des ersten Weihnachtstages hinein. Ich hörte keine lang-
atmige Vorlesung. Ich saß nicht in einem Göttinger Semi-
nar, sondern auf einem Stuhl in unserer Küche im Pfarrhaus
in der Sandstraße. Und doch erhielt ich eine sehr tiefgrün-
dige Vorlesung. Sie war kurz, aber sie hatte es in sich. Sie
fasste die weihnachtliche Botschaft in wenigen Worten klar

und deutlich zusammen: Die schiefe Spitze war gar kein Makel, sie hatte ihren Sinn. Gott nimmt auch – nein, gerade – das Schiefe in seinen Dienst. Das meint die Geschichte von der Geburt Jesu und den armen Hirten. Und das sagt sie uns auch heute, wenn wir Weihnachten feiern. Nicht das in unseren Augen Vollkomme rettet uns. Nicht die ewige Schönheit ist es, die uns das Heil weist. Es sind die schiefe Spitze, das Unvollkommene, das Kleine, das Unscheinbare, das schreiende Baby in der Krippe im Stall von Bethlehem und später der Gekreuzigte auf Golgatha. Sie sind unsere Rettung.

Genau dies hatte mich die theologische Kurzvorlesung unserer Tochter am ersten Weihnachtstag noch einmal gelehrt. Sie hatte den Sinn von Weihnachten erfasst.

Übrigens lautet ein plattdeutsches Sprichwort: »En beten scheef hett Gott leef!« Das ist zwar eigentlich auf das Handwerkliche gemünzt, passt aber doch im Grunde genauso zur Weihnachtsbotschaft und zu Gottes Liebe zu uns im Allgemeinen.

———•———

»Ihr seid alle durch den Glauben
Kinder Gottes in Christus Jesus.«

(Galater 3,26)

Als Pastor erkennbar?

An diesem Abend wollten die Kinder und Jugendlichen der
alljährlichen Gemeinde-Fahrradtour gerne eine Nachtwanderung machen. Nachtwanderungen empfand ich stets als
furchtbar, um es gelinde zu sagen. Die Teilnehmerinnen
und Teilnehmer jeder Fahrradtour fanden dies allerdings
gar nicht, vielmehr genau umgekehrt. Nachtwanderungen
waren aufregend und in ihren Augen auch dazu da, andere
zu ärgern und zu erschrecken.

Nachtwanderungen müssen sorgsam vorbereitet werden.
Jede Leitende und jeder Leitender muss schließlich wissen,
wo er sich während der Wanderung im Dunkel befindet,
sonst gerät man rasch auf Abwege.

Wir hatten allerdings nur wenig Zeit für die Vorbereitung.
Wir mussten die Nachtwanderung irgendwie in das Programm hineinquetschen. Also machten ein erfahrener Lei-
ter und ich uns auf den Weg, die Umgebung der Jugendherberge, wo wir nächtigten, zu erkunden. Gemeinsam gingen
wir auf das Tor der Jugendherberge zu und besprachen, was
wichtig war.

Da kam uns ein vielleicht zehnjähriger Junge einer anderen
Jugendgruppe entgegen. Er wollte das Gelände der Jugend-

herberge betreten, wir wollten es, wie gesagt, verlassen. Als er dicht bei uns war, sagte dieser Bengel plötzlich laut und deutlich zu mir: »Amen!«

Sein kräftiges »Amen« zog sich etwas hin, fast ein wenig verlegen, zugleich aber auch sehr selbstbewusst.

Mein Begleiter fragte mich sofort: »Woher kennst du den denn?«

Meine Antwort lautete wahrheitsgemäß: »Ich kenne ihn überhaupt nicht. Er hat einfach so ›Amen‹ gesagt. Woher weiß der, dass ich Pastor bin?«

Szenenwechsel!

Ein sonniger Ferientag. Die Weser floss eilig am Anleger der Klosterkirche zu Bursfelde vorbei. Ich schaute ihr von hier aus zu. Irgendwann würde sie an Bremen vorüberziehen und dann bald schon die Mündung bei Bremerhaven erreichen, um schließlich in die Nordsee zu gelangen. Es stand ihr noch eine lange Reise bevor.

Ich sehe es noch heute vor mir: Da kam ein großes Ruderboot mit neun, wie ich ausmachte, älteren Herren auf den Anleger zugefahren. Sie legten gekonnt an und sprangen aus dem großen Boot. Ihre Laune war blendend, eine Pause tat ihnen dennoch offensichtlich gut. Das merkte ich an ihrem Recken und Strecken. Da bot sich die Besichtigung der alten Klosterkirche zu Bursfelde geradezu an.

Die älteren Herren kamen auf mich zu und ihr Anführer fragte mich: »Herr Pastor, können Sie uns mal durch die Kirche führen?«

Ich war völlig baff. »Woher wissen Sie, dass ich Pastor bin?« Seine Antwort: »Ich arbeite in Hamburg in einem kirchlichen Rentamt. Da erkenne ich sofort jeden Pastor! Darin habe ich Übung!«

Das war, wie ich fand, zwar nicht unbedingt einleuchtend, aber zumindest eine außergewöhnliche Erklärung. Er lächelte mich an und plötzlich fühlte ich mich gefordert.

»Das hat doch was«, dachte ich. »Ein Bremer Pastor führt neun ältere Hamburger Ruderer durch die Klosterkirche zu Bursfelde, quasi ein hanseatisches Treffen an der Weser.«

Und so führte ich die Herren in die Kirche und kramte aus meinem Gedächtnis rasch zusammen, was ich über sie wusste. Scheinbar reichte es, denn sie zogen schließlich stromabwärts weiter, heiter und in bester Ferienlaune.

Nach Wochen erreichte mich eine Postkarte mit der Anschrift: »Pastor Ulrich in Bremerhaven«. Ich drehte die Karte um und las einen freundlichen Dank, wie nett!

Doch was, so frage ich mich noch heute mitunter, hatte mich als Pastor »verraten«? Wie hatten dieser schmale Junge in der Jugendherberge und der ältere Ruderer mich als Pastor oder zumindest als Kirchenmann erkannt – obwohl ich, wie ich fand, beide Male gar nicht pastoral gekleidet gewesen war?

Mir fällt bei dieser Frage dann der Rat einer guten Freundin zu Beginn meines Studiums ein. Er lautete: »Als Pastor solltest du erkennbar sein!« Damit meinte sie: Die Gemeinde sollte wissen, woran sie bei mir ist.

Mein Konfirmator Gerhard Tietze sagte es so: »Mein Junge, du solltest zentral predigen.«

Ein Pastor und eine Pastorin sollen in ihrem Tun und Beten erkennbar sein. Authentizität ist gefragt. Im Übrigen: Was bedeutet es, zentral zu predigen? Eine Predigt soll nicht zu gefallen suchen, sondern ohne Wenn und Aber zum dreieinigen Gott führen. Er schenkt Zukunft, auch über den leiblichen Tod hinaus – und offensichtlich eine verstecke klerikale Haltung, die man, wie den Glauben selbst, nicht ablegen kann; nicht einmal in den Ferien.

———◆———

Jesus Christus spricht: »Eure Rede sei: Ja, ja, nein, nein.«

(Evangelium nach Matthäus 5,37)

Die Trauringe fehlten

Sie war eher zart von Statur. Aber sie hatte Temperament.
Ihre Augen konnten blitzen. Bereits als Konfirmandin trat
sie zuweilen kämpferisch für ihre Sache ein, so es sein musste. Wir verloren nie den Kontakt. In unregelmäßigen Ab-
ständen liefen wir uns über den Weg. Die Welt ist klein, in
Bremerhaven und auch in Bremen.

So war ich nicht erstaunt, als sie mich fragte, ob ich sie und
ihren zukünftigen Ehemann in der Großen Kirche trauen
würde. Ich sagte gerne zu und erbat mir von der Gemeinde die Erlaubnis, sie trauen zu dürfen. Denn ich war ja nun
Gast – sozusagen Gastpastor – in meiner alten Kirche.

Wir führten ein intensives Traugespräch. Ja, sie hatte Temperament und genaue Vorstellungen für den Traugottesdienst.
Außerdem spielte die Musik eine große Rolle. Ihre Familie
lebte mit und für die Musik. Da musste alles stimmen.

Der Tag der Hochzeit kam. In Bremerhaven aß ich noch eine
Kleinigkeit, denn ich muss immer etwas im Magen haben,
sonst kann ich keine Amtshandlung durchführen. So vorbereitet, erreichte ich pünktlich die Große Kirche. Ich freute
mich sehr, hier wieder einmal ein Paar zu trauen. Ich fühlte
mich willkommen und eigentlich noch wie zu Hause, ob-

wohl meine Heimat ja nun in Bremen war. Es war alles für die Trauung hergerichtet. Ich sah mir das Kniekissen an und las die Trauurkunde, die ich im Namen der Gemeinde dem Paar nach der Trauung aushändigen sollte.

Die ersten Hochzeitsgäste kamen. Die Musiker probten die vorgesehenen Stücke. Es herrschte eine geschäftige Ruhe, wie stets vor einer Trauung. Ich ging in die Sakristei und zog meinen Talar an. Kaum war ich in den Eingangsbereich der Kirche zurückgekehrt, fuhr das Traupaar auch schon vor.

»Ihr Lieben«, sagte ich zu den beiden, »könnt ihr mir die Ringe geben? Ich lasse sie dann auf den Altar legen.«

»Die Ringe sind hier«, hieß es. Nein, sie waren nicht hier, aber auch nicht dort. Sie waren überhaupt nicht da. Sie fehlten. Das war die schlichte Wahrheit, der wir uns stellen mussten. Sie lagen weit fort von der Großen Kirche im Elternhaus der Braut. Und nun? Da war guter Rat teuer.

Es war unmöglich, die Ringe noch zu holen. Dann wäre der gesamte Zeitplan der Hochzeit durcheinandergeraten. Das ging also nicht. Sollten dann überhaupt keine Ringe getauscht werden? Sollte der Ringwechsel ganz entfallen?

Die Uhr rückte unaufhaltsam weiter. Wir mussten einen Entschluss fassen: Was tun? Also, ohne Ringtausch war die Trauung nicht möglich. Darin waren wir uns bald einig. Da sagte die pragmatische Braut bestimmt und ohne Wenn und Aber in der Stimme und mit blitzenden Augen: »Wir nehmen die Ringe von anderen.«

Pause. Die Umstehenden waren still. Die Uhr rückte weiter. Das haben Uhren zumeist an sich, dass sie weiterrücken, ob wir wollen oder nicht.

Und plötzlich waren wie von Zauberhand zwei Ringe da. Ich nahm sie an mich, ging zum Küster, gab sie ihm und atmete durch. Nun also war alles da: Pastor, Brautpaar, Trauringe, Trauzeugen und Gemeinde. Die Orgel erklang. Wir zogen ein.

Sie war eher zart von Statur. Aber sie wusste, was sie wollte. Ihre Augen konnten blitzen, wenn sie ihre Meinung vertrat, auch in puncto Kirche. Aus der Konfirmandin von einst war längst eine junge Frau geworden. Und der Bräutigam? Der Bräutigam war klug. Er konnte schweigen, wenn es sein sollte. Er war lebensklug und ließ seiner Frau in vielen Dingen den Vortritt. Aber er wusste auch sehr genau, was er wollte. Mit einem Wort: Er ist ein rundum netter Kerl, durchdacht, ruhig und zukunftsorientiert. Die beiden sind ein tolles Gespann.

———●———

»Denn deine Liebe ist lieblicher als Wein.«

(Hoheslied 1,2)

Bismarck, der alte Kommunist

Wenn die Konfirmandinnen und Konfirmanden am Sonntag zum Unterricht kamen, besuchten sie zuerst den Gottesdienst im Dom. Mit eingeplanten Pausen verbrachten sie dann den weiteren Tag im Gemeindehaus an der Sandstraße. Die große Mittagspause war besonders wichtig. Eine Reihe von Konfirmanden und Konfirmandinnen nutzte sie, um ein namhaftes Schnellrestaurant in der Nähe des Doms zu besuchen. Sie hatten dabei ihren Spaß und die Gemeinschaft sollte während der Konfirmandenzeit ja auch nicht zu kurz kommen!

Aber manchmal wurde es ihnen trotz der festgelegten Pausen doch zu viel. Die Jungen und Mädchen brauchten dann zur Abwechslung frische Luft und Bewegung. Später habe ich für diese Situation das »Dom-Konfirmanden-Quiz« ausgearbeitet, bei dem die jungen Leute in kleinen Gruppen aus dem dunklen Gemeindehaus in den Sonnenschein stürmen und den Dom und umzu entdecken konnten. Zu Beginn meiner Tätigkeit am Dom aber gab es noch kein Quiz. Damals machte ich mich im Falle von Luft- und Bewegungsnot mit den verschiedenen Konfi-Gruppen auf den Weg zum Marktplatz. Dort schauten wir uns dann um: Rathaus,

Schütting, Bürgerschaft und die Raths-Apotheke. Natürlich wurde auch der Roland betrachtet.

Schließlich besprachen wir vom Marktplatz aus die imposante Domfassade mit ihren beiden hohen Türmen und den zwei Mosaiken im Eingangsbereich, die den kreuztragenden Christus sowie den Gekreuzigten zeigen. Dann betraten wir den Dom, suchten die Kirchenmaus auf dem Hochchor oder entdeckten anderes in der alten Kathedrale.

So kam es also an einem dieser Sonntage, dass eine reine Mädchengruppe an die frische Luft musste. Wir gingen schnellen Schrittes am Brautportal des Nordschiffs vorbei und wollten auf den Marktplatz. Auf unserem Weg dorthin kamen wir am Bismarck-Denkmal zwischen Dom und Neuem Rathaus vorbei. Ich blieb unter dem Denkmal stehen, die Mädchen ebenso.

»Wen stellt das Denkmal dar?«, fragte ich die zwölf munteren jungen Damen.

Pause.

»Wisst ihr, wer hier auf dem Pferd reitet?«, versuchte ich es noch einmal. »Die Person muss ja wichtig gewesen sein, sonst hätte man kein Denkmal für sie gestiftet.«

Wieder Pause. Dann rief ein Mädchen: »Herr Ulrich, war das nicht auch so ein alter Kommunist?«

Ich war sprachlos. Diese Antwort hatte ich nicht erwartet. Bismarck als Kommunist! Das war ja mal eine neue Erkenntnis.

»Wie kommst du darauf, dass Bismarck ein Kommunist gewesen ist? Ja, wer war er denn überhaupt? Warum war er so wichtig für unsere Vorfahren, dass sie ihn hoch zu Pferde mit einem Denkmal zwischen Dom und Rathaus ehrten? Und was im Übrigen ist ein Kommunist?«

Das Thema Bismarck war schon sehr speziell im Hinblick auf die inhaltliche Gestaltung des Konfirmandenunter-

richts. Eigentlich passte es gar nicht in den Unterricht. Aber andererseits fand ich, dass es doch zur Bildung von Domkonfirmanden und -konfirmandinnen gehörte zu wissen, wer denn da neben ihrer Kirche auf einem hohen Sockel dahinritt.

Die Konfirmandin, die auf einen Kommunisten getippt hatte, wusste selber nicht mehr, wieso sie den berühmten Reichskanzler Otto von Bismarck mit dem Kommunismus in Verbindung gebracht hatte.

»Da muss ich ja irgendetwas ziemlich durcheinander bekommen haben!«, so ihre lachende Erklärung.

Der kleine Ausflug mündete schließlich in die Mittagspause. Danach ging es im Unterricht weiter. Wir beschlossen ihn wie immer mit dem Vaterunser. Zum Abschied gab ich allen die Hand. Als ich wieder zu Hause war, suchte ich mir in Otto von Bismarcks Autobiografie »Gedanken und Erinnerungen« seinen Konfirmationsspruch heraus. Er lautet:

———————•———————

»Und alles, was ihr tut mit Worten oder mit Werken,
das tut alles im Namen des Herrn Jesus und dankt Gott,
dem Vater, durch ihn.«

(Kolosser 3,17)

Und plötzlich stand sie vor mir

In meinem Pastorenleben habe ich ungezählte Busfahrten mit Kirchengruppen unternommen. Meine erste Busfahrt machte ich 1984 als Vikar an der Großen Kirche in Bremerhaven mit. Es ging nach Südpolen. Dort erkundeten wir das herrliche Masuren mit seinen Wäldern und Seen sowie dem blauen Himmel über der weiten ostpreußischen Landschaft. Dummerweise blieb unser Bus auf der Rückfahrt vor der deutsch-deutschen Grenze einfach stehen. Er rührte sich nicht mehr vom Fleck. Er hatte von Anfang an Schwierigkeiten gemacht. Alle wurden still im Bus.

Es war unser großes Glück, dass sich unter den Teilnehmern ein Berufsbusfahrer befand. Er half uns aus der Klemme, indem er es hinbekam, dass der Bus schließlich ganz langsam über die Grenze rollte. Wir hielten dabei den Atem an. Wir wussten: Die Grenzer auf der DDR-Seite verstanden keinen Spaß. Aber es ging alles gut. Ein Teilnehmer sagte später: »Es war eine Fahrt, die ich nicht missen, aber auch nicht noch einmal mitmachen möchte.« Gemeindefahrten können sich also auch zu Abenteuerfahrten entwickeln.

Während meiner Bremer Zeit setzten sich die Busfahrten mit der Gemeinde fort: Ausflüge mit dem Frauenkreis,

Seniorenfahrten im Sommer, Konfusfahrten, Reisen für die Fahrradtour, Orgelfahrten nach Altenbruch und anderswohin, Tagesfahrten mit dem Evangelischen Arbeitskreis für kulturelle Fragen und Jahr für Jahr eine längere Exkursion mit Seniorinnen und Senioren im September. Und eine dieser Exkursionen ging weit in den Süden.

Pünktlich um 8 Uhr morgens fuhren wir auf die Autobahn. Dort legten wir – wie üblich – alle zwei bis drei Stunden eine Pause ein. So war es Nachmittag geworden, wieder stand eine Pause an. Der Busfahrer wollte nur kurz halten, um möglichst rasch weiterzukommen. Wir einigten uns auf einen Stopp von zwanzig Minuten und ich teilte die Zeitvorgabe durch das Mikrofon der Reisegesellschaft mit.

Zum vorgegebenen Zeitpunkt hatten alle Teilnehmer und Teilnehmerinnen ihre Plätze wieder eingenommen. Wie immer fragte ich vorne nach, ob jeder und jede seinen und ihren Nachbarn hätte, und los ging es. Schwupp waren wir wieder auf der Autobahn und fuhren weiter gen Süden.

Da erscholl von hinten ein »Halt – halt!« Ich eilte durch den Bus und musste feststellen, dass eine Teilnehmerin fehlte.

»Na so was!«, rief ich erstaunt. Gerade diese Teilnehmerin war eine langjährige und beliebte Mitfahrerin, grundsätzlich pünktlich und hörte bei Ankündigungen immer aufmerksam zu. Doch sie saß gerne für sich allein und so war ihr Fehlen nicht sofort bemerkt worden. Vielleicht waren wir auch zu schnell losgefahren? Jedenfalls war das eingetreten, wovor ich immer Angst gehabt hatte: Jemand war am Rastplatz zurückgeblieben – vor Zeiten des Handys ein echtes Problem. Also fuhren wir die nächste Anschlussstelle wieder ab, überquerten die Autobahn und fuhren zurück, überquerten die Autobahn wiederum und hielten auf dem Rastplatz, von dem wir eben losgefahren waren. Aber die Teilnehmerin war nirgends aufzufinden. Langsam bekam ich Herzklopfen.

Der Busfahrer und ich berieten uns und kamen zu dem Ergebnis: erst einmal abwarten. Ich spielte für mich verschiedene Szenarien durch. War sie gestürzt? Hatte sie sich verletzt? Lag sie irgendwo ohnmächtig auf einem einsamen Weg? War sie gar Opfer eines Raubüberfalls geworden? Ich ging nervös am Bus auf und ab. Wie hatte das passieren können? Und plötzlich stand sie vor mir!

»Da sind Sie ja!«, rief ich voller Erleichterung.

Was aber war passiert? Nun, sie hatte sich vertüdelt, wie das manchmal so ist. Sie hatte den Bus nicht wiedergefunden und als sie ihn dann doch entdeckt hatte, fuhr der gerade ab. Sie lief noch ein paar Meter hinterher, aber dann war er fort. So blieb sie allein an der Raststätte zurück.

Doch die zarte Frau ließ sich nicht einschüchtern. Sie fragte einen Autofahrer, ob er mit ihr hinter dem Bus herfahren könne. Der sagte ohne Umschweife ja und schon folgte uns die Teilnehmerin mit einem ihr unbekannten Autofahrer in einem ihr unbekannten Auto.

Plötzlich sahen sie dann aber unseren Bus auf der anderen Seite der Autobahn zurückfahren. Also bog ihr netter Helfer – wie wir kurz zuvor auch – von der Autobahn ab, überquerte sie, fuhr ebenfalls zurück, überquerte die Autobahn ein weiteres Mal und so stand sie schließlich wieder wohlbehalten vor uns. Die Reisegruppe klatschte, als wir beide in den Bus einstiegen und nun alle wieder beisammen waren.

Sie nahm es als Abenteuer. Ich nahm es als Lehrstück für die weiteren Busfahrten in meinem Pastorenleben. Ich machte es mir zur Angewohnheit, grundsätzlich vor einer Abfahrt durch den Bus zu gehen und die Mitfahrerinnen und Mitfahrer zu zählen. Und nie wieder ging eines meiner vielen Schäfchen je auf einer Busfahrt verloren.

———————•———————

Christus sagt: »Was meint ihr? Wenn ein Mensch
hundert Schafe hätte und eines von ihnen sich verirrte:
lässt er nicht die neunundneunzig auf den Bergen,
geht hin und sucht das verirrte?«

(Evangelium nach Matthäus 18,12)

Ganz Paris träumt von der Liebe

Manchmal zog es mich sonntags hinaus aufs Land, hinaus aus der Stadt in die Weite der wunderbaren Landschaft nördlich von Bremerhaven. Dann drehte ich das Autoradio auf und sang manchmal das Lied mit, das gerade im Radio gespielt wurde. Einmal war es »Marmor, Stein und Eisen bricht«. Ich weiß noch, wie ich dieses Lied mit voller Inbrunst geradezu mitschrie, als ich durch die Unendlichkeit der grünen Wiesen und Weiden des Landes Wursten fuhr. Aber das bekam ja keiner mit.

Gerne besuchte ich dann den Gottesdienst in einer der Landkirchen dort. Sie sind anheimelnd und besitzen wunderschöne Orgeln sowie zu Herzen gehende Altäre. Mal etwas anderes, lautete meine Devise.

So ein Sonntag war es also. Die Morgensonne schien schon kräftig, der Asphalt flimmerte. Ich fuhr zu einem Ort, der irgendwo im Nirgendwo lag. Der Gottesdienst dort begann um 10 Uhr. Für die Sommerzeit war er gut besucht, die taubenblauen Bankreihen gut gefüllt. Ein freundlicher älterer Pfarrer hielt ihn. Ich fühlte mich wohl in der weiß getünchten Kirche mit ihren Messingleuchtern, die von den Gewölben herabhingen.

Die Gemeinde sang die lutherische Liturgie. Wir hörten eine klare Predigt des Pfarrers. Er nahm uns mit auf eine Reise, gab uns geistliche Nahrung für die neue Woche.

Nach der Predigt erklang wieder die Orgel, wir sangen das letzte Lied und der Pfarrer spendete der Gemeinde den Segen. Nach dem Schlusschoral erhob er sich von seinem Platz, nickte uns freundlich zu und ging gemessenen Schrittes zum Ausgang, um uns dort zu verabschieden. Als er näher kam, bemerkte ich, dass er leise vor sich hin pfiff. Als er auf meiner Höhe war, hörte ich, was er pfiff: »Ganz Paris träumt von der Liebe.«

Donnerwetter, das war ja die bekannte Schnulze von Caterina Valente und die hier in der Kirche! Er pfiff sie vor sich hin, lächelnd, froh und wohl auch gelöst durch einen schönen Gottesdienst.

Ganz Paris träumt von der Liebe. Das war ein spannender Kontrast zu der eindrucksvollen Kirchenmusik, die wir gerade zuvor noch gehört hatten. Nun, wer von den Älteren kennt nicht das berühmte Lied! Caterina Valente sang es erstmals 1954. So habe ich mich später kundig gemacht. Sein einfacher, aber zu Herzen gehender Text lautet:

Ganz Paris träumt von der Liebe

Denn dort ist sie ja zu Haus

Ganz Paris träumt dieses Märchen, wenn es wahr wird

Ganz Paris grüßt dann das Pärchen, das ein Paar wird

Ganz Paris singt immer wieder

Immer wieder nur vor Glück
Wer verliebt ist
Wer verliebt ist in die Liebe
Kommt nach Paris zurück

Der Pfarrer lächelte zufrieden und war augenscheinlich guter Laune. Er verabschiedete die Gemeinde am Ausgang der Kirche und wünschte ihr eine schöne Woche.

Ja, das Leben ist nicht nur grau. Es bedeutet nicht nur Pflicht. Es ist auch schön, wie vom Pfarrer leise vorgepfiffen, und es will gelebt werden. Dabei möchte es auch leicht sein dürfen. Ganz Paris träumt von der Liebe ...

Der deutsche Titel der Autobiografie des chilenischen Dichters Pablo Neruda 1973 lautet: »Ich bekenne, ich habe gelebt.« Wenn man das sagen kann, ist viel gewonnen. Zu leben bedeutet nicht gierigen Genuss, sondern, wie ich finde, Achtsamkeit für die Schöpfung und für die Liebe.

Ich fuhr durch das satte Grün der Wiesen und Weiden zurück Richtung Heimat. Was im Radio lief, weiß ich nicht mehr, aber ich war leicht und glücklich.

———————•———————

»Dies ist der Tag, den der Herr macht; lasst uns freuen
und fröhlich an ihm sein!«

(Psalm 118,24)

Extraunterricht für sechs Konfis

Sie raubten mir den letzten Nerv. Sie waren nette Jungen am
Beginn des Erwachsenwerdens. Einzeln prima, sehr höflich, bestens erzogen – in der Gruppe dagegen unausstehlich. Sie wollten sich bei mir im Dom konfirmieren lassen.

Was aber ließ sie hier so unausstehlich werden? Irgendwann
kam ich darauf: Es waren natürlich die Mädchen, ganz einfach! Wenn die sechs im Unterricht ungefragt redeten, kam
von den Mädchen ein unwiderstehliches Gekicher zurück.
Das reizte die sechs erneut und so entstanden wechselnde
Sonderwege der Kommunikation innerhalb der gesamten
Gruppe. So konnte es nicht weitergehen. Die gemeinsamen
Gespräche mit den sechsen wie auch Einzelgespräche fruch-
teten nicht. Es ging, wie ich fand, um die gegenseitige Wert-
schätzung. Es ging um den Respekt.

Ich entschloss mich nach längerem Bedenken zu einer Ra-
dikalkur. Schließlich war ich für die Gesamtgruppe verantwortlich und der Unterricht für sie durfte letztlich nicht zu
kurz kommen. Und so nahm ich die sechs in einer Pause zur
Seite und stellte ihnen meinen Plan vor: Sie wurden von der
Gesamtgruppe separiert und erhielten von nun an Extraun-
terricht.

Das kam nicht gut an. Es wäre doch gar nicht so schlimm mit ihnen. Sie wollten doch nur das Beste. Mein Unterricht wäre überhaupt ganz großartig. Es wurde mit allen Mittel gearbeitet. Aber nur noch zu sechst Unterricht zu haben – das wäre eigentlich unmenschlich ... Das wäre doch langweilig und einen langweiligen Konfirmandenunterricht wollten sie alle nicht haben und ich doch sicher auch nicht!

Nun, sie waren ja auch nett und, wie gesagt, einzeln prima, sehr höflich, bestens erzogen. In mir kämpften nun zwei Seelen.

Die eine flüsterte mir zu »Es ist doch wirklich alles nicht so schlimm!« Und die andere flüsterte mir ins Ohr: »Jetzt bleib standhaft. Lass dich nicht von sechs Konfirmanden kleinkriegen!«

Und da ging es mir auf: Es handelte sich hier im Tiefsten um mein Amt. Pastoren und Pastorinnen haben von der Kirche ein Amt übertragen bekommen und das sollen sie vor Gott und der Gemeinde nach bestem Wissen und Gewissen verwalten. Der Respekt vor dem Pastorenamt – mein eigener wie auch der von anderen – stand hier auf der Kippe, wenn nicht etwas geschah.

»Leute, alles klar. Ich habe euch verstanden. Aber ich sage euch: Ich fühle mein Amt von euch nicht respektiert. Die Sache hat nichts mit Sympathie oder gar mit Antipathie zu tun. Aber ich vertrete hier ein Amt, das mir, von der Kirche so gewünscht, bestimmte Rechte einräumt, aber zugleich auch bestimmte Pflichten. Und ich möchte, dass ihr das so respektiert.«

Nach der Pause besprach ich meinen Entschluss mit der Gesamtgruppe. Ich war in meinen Augen nicht hart, sondern konsequent. Die Mädchen ließen verlauten, dann wäre es doch recht langweilig, die betroffenen Jungen nickten dazu eilfertig.

Doch siehe da: Die Jungen begehrten schließlich nicht länger auf. Ich fand, sie waren mir sogar dankbar, dass sie ihr Balzverhalten nicht länger durchhalten mussten. Es würde im Übrigen genügend Zeiten und Orte geben, wo sie den Mädchen noch begegnen konnten.

Von nun an unterrichtete ich diese kleine Sechsergruppe neben der großen Gruppe alleine. Es erreichten mich keine empörten Anrufe der Eltern. Ich hatte auch nicht irgendwie gewonnen. Ich hatte einen Konflikt gelöst, der mir erst in dem Moment bewusst wurde, als ich mit den sechs Konfirmanden diskutierte. Im Übrigen waren sie alle sehr am Glauben und an der Kirche interessiert. Sie wollten Brot, keine Milch.

Wo verläuft also die Grenze zwischen Respekt und Respektlosigkeit? Das müssen die Amtsträger und Amtsträgerinnen mit ihren Gemeinden und Kirchenleitungen sowie umgekehrt immer wieder neu ausloten. Der Respekt vor dem Pfarramt jedenfalls soll in der Verkündigung des Evangeliums schützen und gleichzeitig ermutigen.

Und der Humor, die Heiterkeit, Herr Pfarrer? Nun, wir haben auch in der Sechsergruppe viel Schönes und Spannendes erlebt. Langweilig war es nie – und schon gar nicht mit diesen tollen Konfis in der großen und in der kleinen Gruppe.

———•———

»Der ist wie ein Baum, gepflanzt an den Wasserbächen,
der seine Frucht bringt zu seiner Zeit, und seine Blätter
verwelken nicht. Und was er macht, das gerät wohl.«

(Psalm 1,3)

Wo ist Pastor Ulrich?

Die folgende Geschichte wurde mir erzählt. Ich habe sie nicht selbst miterlebt, aber ich komme in ihr vor und sie ist heiter. So denke ich auch daran gern zurück.

Es war vor vielen Jahren. Das kleine Mädchen, von dem diese Geschichte handelt, war damals drei Jahre alt. Sie gehörte mit ihrer Familie zur lutherischen Christuskirchengemeinde in Bremerhaven-Geestemünde. Die Familie hatte gleichzeitig gute Beziehungen zur Großen Kirche in Bremerhaven-Mitte. Dort war das Mädchen, wie zuvor schon ihr großer Bruder, denn auch im Krabbelkreis gewesen.

Hier ging es stets hoch her. Die Eltern rollten einen Teppich aus, auf dem die Kleinen sich nach Lust und Laune bewegen konnten. Manchmal kam es zu ersten Annäherungsversuchen, die allerdings auch mit einem ohrenbetäubenden Gebrüll enden konnten. Nun war das Mädchen dieser Gruppe aber längst entwachsen und nahm regelmäßig am Kindergottesdienst der Großen Kirche teil, den ich oft hielt.

Am Heiligen Abend war die Familie in besagtem Jahr aber zum Kindergottesdienst in der näher gelegenen lutherischen Christuskirche gegangen. Schließlich wartete die Bescherung auf die Kinder und sie waren schon sehr aufgeregt.

Später erzählte mir die Mutter von diesem Gottesdienst, der begann wie jeder andere auch: Die kleinen und großen Besucher und Besucherinnen waren festlich gestimmt und aufgeregt. Auch ihre Kinder fragten immer wieder, wann es denn losginge. Dann erklang endlich die große Orgel.

Doch das Mädchen war offenbar nicht zufrieden, rutschte auf dem Schoß ihrer Mutter unruhig hin und her – und rief plötzlich ohne Rücksicht auf kirchliche Diplomatie oder Gemeindegrenzen mit ihrer hellen Kinderstimme für jede und jeden gut hörbar in den weihnachtlichen Kirchraum hinein: »Wo ist Pastor Ulrich?«

Ich gehörte für sie mit ihren drei Jahren einfach zu einem Gottesdienst dazu. Die Mutter empfand die Frage ihrer Tochter nach dem in der Christuskirche fremden Pastor zunächst als peinlich. Später aber konnte sie lachend davon erzählen.

Und mich berührte die Geschichte sehr. Natürlich würde das Mädchen später auch andere Pastorinnen und Pastoren kennenlernen. Zu dieser Zeit ihrer Kindheit aber durfte ich ihr Pastor sein. Welch Vertrauen drückte sich darin aus. Ich empfand es als ein kostbares Geschenk, in diesem Fall: als ein besonderes Weihnachtsgeschenk.

———◆———

»Ich will mein Vertrauen auf ihn setzen.«
(*Hebräer 2,13*)

Bedenklich, Herr Pfarrer

Am Schluss meines Konfirmandenjahres stand die Prüfung. Das mag heute eher altmodisch klingen, aber ich fand es sinnvoll und finde es nach wie vor gut, auch die Eltern noch einmal gemeinsam mit den Konfis einzuladen und den Stoff durchzugehen. Auch konnten dann Fragen gestellt werden, was im Vorfeld des Konfirmandenabendmahls und der Konfirmation stets wichtig war.

Nun, ich gebe es zu: Mein Konfirmandenunterricht war nicht immer nur ernst. Es machte mir hin und wieder Spaß, die Konfirmanden und Konfirmandinnen ein wenig zu verulken. Es gibt ja eine moralinsaure christliche Ernsthaftigkeit, welche die Freude am Glauben untergräbt. Mir aber war es wichtig, den Jungen und Mädchen auch etwas von der Leichtigkeit und von der Schönheit des Glaubens mitzugeben.

Als junger Pfarrer in Bremerhaven hatte ich die Angewohnheit, das sogenannte elfte Gebot abzufragen. Nun, die Zehn Gebote mussten selbstverständlich auswendig gelernt werden. Aber im Konfirmandenunterricht von Pastor Ulrich gab es auch ein elftes Gebot. Dies war, so erinnere ich mich, einmal aus der Laune eines Augenblicks heraus geboren worden. Es lautete: »Du sollst deinen Pastor ehren, auf dass es ihm wohlergehe und er lange lebe auf Erden.«

Ja, es war schon bedenklich, ein solches Gebot überhaupt im Zuge der Zehn Gebote zu nennen. Aber irgendwann hatte es sich so ergeben und die Konfirmanden und Konfirmandinnen wussten natürlich auch, dass es dieses Gebot nicht wirklich gab.

Nun rückte also die in meinem Unterricht übliche Prüfung näher. Und es machte mir Spaß, die Aufregung der Konfis vor der Prüfung noch zu befeuern. Meine Antwort auf ihre besorgte Nachfrage: »Ist die Prüfung schwer?«, lautete stets ausweichend: »Das sehen wir dann ja!« Andere fragten: »Kann man auch durchfallen?« Meine Antwort darauf hielt ich geheimnisvoll: »Es ist selten vorgekommen!«

Und dann saßen die Prüflinge im Viereck beieinander, wie auch sonst im Unterricht, und die Eltern dahinter. Es herrschte durchweg eine fröhliche Stimmung. Schließlich kannten mich ja alle und wussten: So schwer wird die Prüfung bestimmt nicht.

Zwischendurch erlaubte ich mir, auch den Eltern eine Frage zu stellen. Zur Freude der Konfirmandinnen und Konfirmanden blieben diese allerdings oft die Antwort schuldig und mussten die Frage an ihre Töchter und Söhne weitergeben.

Und dann waren wir bei den Zehn Geboten. Normalerweise kamen die Gebote in der Übersetzung Martin Luthers wortgetreu und ohne Verdrehungen. Und auch in diesem Jahr gab es keine Schwierigkeiten. Schließlich waren wir fertig und ich wollte zum nächsten Punkt weitergehen. Da meldete sich einer der Jungen und verkündete freudestrahlend: »Und das elfte Gebot lautet: ›Du sollst deinen Pastor ehren, auf dass es ihm wohl ergehe und er lange lebe auf Erden.‹« Er strahlte mich an.

Schweigen. Ungewöhnlich, mochten mancher Vater und manche Mutter denken. Es gab doch eigentlich immer nur zehn Gebote – oder? Aber heute ist ja vieles anders.

Schuldbewusst klärte ich die Sache auf und schärfte den Jungen und Mädchen noch einmal ein: Das elfte Gebot gibt es natürlich nicht! Und von Stund an unterließ ich es, eigenmächtig in die Anzahl der biblischen Gebote einzugreifen. Das war dann wohl doch etwas zu viel des Übermuts gewesen, lieber junger Herr Pfarrer! Denn wir können in der Nachfolge Jesu vom biblischen Wort Gottes weder etwas wegnehmen noch hinzusetzen.

———•———

»Darum, weil wir dieses Amt haben nach der Barmherzigkeit, die uns widerfahren ist, werden wir nicht müde, sondern wir meiden schändliche Heimlichkeit und gehen nicht mit List um, fälschen auch nicht Gottes Wort, sondern durch Offenbarung der Wahrheit empfehlen wir uns dem Gewissen aller Menschen vor Gott.«

(2. Korinther 4,1-2)

Einer zu viel vor dem Altar

Ich war gerade erst in der Domgemeinde angekommen, hatte noch nicht einmal all meine Bücher auspacken und in die Regale einordnen können, da läutete das Telefon. Es war die Ehefrau meines Vorgängers Immanuel Müller. Ihr Mann sei leider erkrankt. Er ließe fragen, ob ich kurzfristig eine Trauung für ihn übernehmen könne. Natürlich sagte ich zu, es waren allerdings nur noch zwei Tage zur Vorbereitung. Weil es mir einfacher schien, bot ich dem mir unbekannten Traupaar an, es kurzerhand in seiner Wohnung zu besuchen und den Traugottesdienst dort zu besprechen.

Gesagt, getan. Noch am selben Tag nahm ich bei den jungen Leuten auf dem Sofa Platz. Rasch entspann sich ein fröhliches Gespräch. Wir wurden uns in allem einig. Es machte Freude, die beiden kennenzulernen.

Vorbereitungen von Trauungen haben es manchmal in sich. Es soll ja eine im besten Sinne schöne Trauung werden. Aber hier lief einfach alles super, am Ende war nichts mehr offen. Entspannt fuhr ich zum Dom zurück.

Doch bei meiner ersten Trauung im Dom war, wie ich dann feststellen musste, doch nicht alles perfekt vorbereitet. Dabei hatte es so gut begonnen. Die Gemeinde war frohen Herzens

auf dem Hochchor versammelt. Ich freute mich am Brautpaar, das mit seinen beiden Trauzeugen vor mir saß, und an
der Gemeinde dahinter. Der Organist spielte sehr schön. Ich
begrüßte die Gemeinde, wir sangen das erste Lied, ich las
das Gebet und anschließend eine Lesung. Auch die Predigt
ging wunderbar über die Bühne. Dann spielte der Organist
einen kurzen Choral, bevor ich das Brautpaar leise bat, sich
zur Trauung zu erheben – wie die beiden Trauzeugen rechts
und links ebenfalls. Da standen wir nun: der Pastor, das
Traupaar und zwei Trauzeugen. Alles perfekt. Wirklich?
Ich drückte dem Trauzeugen das kleine Silbertablett mit den
Ringen darauf in die Hand. Den Brautstrauß der Braut hatte
die Trauzeugin schon zur Seite gelegt. Das gegenseitige Ja-
Wort wurde gesprochen und der Ringwechsel vollzogen.
Nun wollte ich das Traupaar segnen und sagte leise: »Bitte
niederknien.«
Die Braut kam meiner Aufforderung sofort nach, der Bräutigam nicht. Er stand vor dem Kniekissen und sah es an. Dann
wanderte sein Blick zu mir, der ich vor dem Altar stand.
»Bitte niederknien«, wiederholte ich halblaut.
Abermals schweifte sein hilfloser Blick zwischen dem Kniekissen und mir hin und her. Mittlerweile begann die Braut,
etwas unliturgisch, zu lachen.
»Niederknien!« Nun sagte ich es so laut, dass selbst die Gemeinde es verstehen konnte. Es klappte nicht. Welche Situation! Ohne lange nachzudenken, sagte ich zu dem hilflosen

Bräutigam: »Treten Sie doch mal bitte zur Seite. Ich mache Ihnen das jetzt vor.«

Auf meine Bitte hin trat er zur Seite und ich kniete mich neben der leise lachenden Braut auf das Kniekissen.

»So soll es ein«, bedeutete ich dem jungen Ehemann. Dann begriff er. Er trat wieder vor und nun kniete das Brautpaar ordnungsgemäß nebeneinander. Endlich!

Es war für die Gemeinde ein köstliches Bild, als der Pastor im schwarzen Talar links neben der weißgewandeten Braut

auf dem Kniekissen kniete, während der Bräutigam etwas ratlos danebenstand.

Später stellte sich heraus, dass der Bräutigam am Abend vor der Trauung ein ganz kleines Gläschen zu viel getrunken hatte. Das kann passieren.

Jedenfalls gewann diese Trauung auf dem Hochchor unseres Domes dadurch unglaublich an Fahrt. Es wurde heiter und offenherzig. Wir wuchsen in Windeseile als Gemeinde neu zusammen. Die Segnung, ein Zwischenorgelstück, das Gebet, das Vaterunser, der Segen an die Gemeinde, das Schlusslied und schließlich das Orgelstück zum Auszug durchflutete eine wunderbare Fröhlichkeit. Diese Trauung wurde mit ungewohnter Heiterkeit vergoldet. Im Rückblick denke ich gerne an sie zurück.

Nein, das Niederknien hatten wir in der Wohnung des Brautpaares nicht besprochen, geschweige denn geübt. Aber oft ist es ja gerade das Unperfekte, das Spontane, an das wir uns erinnern, das dem Leben und auch dem Glauben seine Würze gibt.

———————•———————

»Du tust mir kund den Weg zum Leben: Vor dir ist Freude die Fülle und Wonne zu deiner Rechten ewiglich.«

(Psalm 16,11)

Der King

Wir verbinden mit der Kirche bestimmte Menschen und damit positive oder negative Eindrücke. So wie wir den Konfirmandenunterricht erlebt haben, so tragen wir häufig ein bestimmtes Bild von Kirche in uns. Wie oft haben mir ältere Damen und Herren mit leuchtenden Augen erzählt, welch guter Pastor sie in ihrer Jugend einst konfirmiert hatte. Andererseits erzählte mir jemand, dass ihn sein Konfirmationspastor glatt aus der Kirche herauskonfirmiert hätte, so furchtbar sei dessen Unterricht gewesen.

Konfirmandenprüfung im Gemeindesaal der Großen Kirche in Bremerhaven. Das Gute war, dass mich kein bestimmtes Schema zwang, den Stoff durchzunehmen. Wir umkreisten in aller Freiheit die Themen, die wir im Unterricht besprochen hatten. Aber wir konnten hier und da thematisch auch verweilen, Fragen stellen und nach Antworten suchen. Das machte die Sache lebendig.

So landeten wir auf unserer »Konfirmanden-Prüfungs-Rundreise« auch bei dem Thema Reformation. Damit stand mit einem Male Martin Luther im Raum. Wir umrissen ein wenig seine Biografie und ich versuchte, seine Botschaft vom begnadigten Sünder mit wenigen Worten zu erklären.

Dabei fragte ich die Konfirmandenschar, wie wir denn Martin Luther nennen. Ich meinte damit natürlich den Begriff »Reformator«. Die Konfirmandinnen und Konfirmanden überlegten. Ich warf ein: »Vielleicht haben wir den Begriff auch gar nicht durchgenommen?«

Die Jungen und Mädchen rätselten weiter. Es entstand eine kleine Unruhe. Die Prüflinge kamen untereinander ins Gespräch, ihre Eltern ebenso. Pädagogisch betrachtet eigentlich recht wertvoll, ging es mir durch den Kopf.

Da meldete sich plötzlich ein Junge und rief in den Saal hinein: »Ich habe es! Er heißt Martin Luther King!«

Dann sah er zufrieden in die Runde, die ihre Gespräche abrupt beendete und auf meine Reaktion wartete. Was würde der Pastor nun dazu sagen?

Martin Luther sei kein »King« gewesen, so setzte ich es den Konfirmanden und Konfirmandinnen auseinander. Martin Luther habe mit anderen die Kirche reformiert, das heiße, sie erneuert, und werde deswegen als »Reformator« bezeichnet.

Ich merkte, dass sie dies verstanden hatten, wenigstens wohl fürs Erste. Also fuhren wir fort. Am Ende hatten alle Prüflinge bestanden. Die Konfirmation rückte damit näher. Und ich überlegte: Was blieb wohl bei den Konfis von meinem Konfirmandenunterricht im Gedächtnis?

Ich persönlich erinnere mich vor allem noch an den menschlichen Eindruck, den ich von meinem Konfirmationspastor hatte. Daneben nur noch an kleine Szenen. Ich weiß natürlich nicht mehr zu sagen, was wir alles inhaltlich durchgenommen haben. Auf alle Fälle lernten wir aus einem kleinen grünen Heftchen viele Bibelworte und eine Reihe von Kirchenliedern auswendig.

Es wäre wohl zu viel verlangt, würden wir Jahrzehnte später noch wissen, was dran war. Nach meiner Meinung ist es vor allem wichtig, einen Eindruck zu hinterlassen. Der kirchliche Unterricht ist eine Chance. Er kann neben dem Elternhaus die religiöse Einstellung für ein ganzes Leben beeinflussen. Nein, man muss nicht mit allem einverstanden sein, was die Vertreterinnen und Vertreter der Kirche sagen und tun. Der evangelische Glaube ermutigt ja ausdrücklich dazu, kritisch mit Kirche und Glauben umzugehen. Wir müssen nicht glauben, aber wir dürfen glauben – dazu lädt Gott uns ein! Dabei können uns Vorbilder wie der schwarze amerikanische Pastor Martin Luther King helfen, auf den wir zufällig während dieser Prüfung gestoßen waren.

Wer war King? Er hielt am 28. August 1963 seine berühmte Rede »I have a dream!« Mit ihr rief er vor 250.000 zumeist schwarzen Hörern und Hörerinnen vor dem Lincoln Memorial in Washington D.C. zum gewaltlosen Kampf gegen Rassismus und Ungerechtigkeit in den USA auf. Die Rede berührt auch heute noch – ja, gerade heute! »I have a dream!« Der Glaube lebt von Träumen, von Visionen, von der frohen Botschaft, dass Gott es in Christus gut mit uns meint.

Wir denken heute viel über die Zukunft der Kirche nach. Wir entwerfen Pläne und diskutieren mancherlei Thesen. Wir brauchen vor allem authentische Vorbilder, die beeindrucken und uns zur notwendigen Veränderung unserer Welt ermutigen. Martin Luther King ist bis heute ein solch lebendiges Vorbild.

Wie gut, dass wir während der Konfirmandenprüfung auf Martin Luther King gekommen waren!

———•———

»Gedenkt an eure Lehrer, die euch das Wort Gottes gesagt haben; ihr Ende schaut an und folgt ihrem Glauben nach.«

(Hebräer 13,7)

Und Plattdeutsche

Die Kinder der Tagesstätte der Gemeinde hatten sich zur Besichtigung der Großen Kirche in Bremerhaven angesagt. Das freute mich, denn es war jedes Mal sehr schön, sie durch die Kirche zu führen. Dabei ging es meist hoch her und anschließend war ich zufrieden, aber auch ziemlich geschafft.

Die angemeldete Gruppe erschien pünktlich, vor dem Haupteingang der Kirche herrschte ein riesiges Gewusel. Alles schrie durcheinander. Dann kam ein »Pssst« und der Redeschwall ebbte rasch ab. Ich begrüßte die Gruppe: »Ich freue mich, dass ihr gekommen seid. Toll, dass das möglich ist. Ich zeige euch heute die Kirche. Kommt mit!«

Und dann betraten wir den vom Sonnenlicht durchfluteten Kirchenraum. Aufgeregt saßen die kleinen Mädchen und Jungen vorne auf den Stühlen. Sie sahen mich erwartungsvoll an. Was der uns wohl erzählen will, so war es in ihren Augen zu lesen.

Ich fragte die Kinder zuerst immer einmal, ob sie schon jemals in einer Kirche gewesen seien. Die meisten beantworteten diese Frage mit »Ja« und erzählten, wann und wo das gewesen war.

»Was können wir denn alles in einer Kirche sehen?«

Sie trugen zusammen, was sie schon mal gesehen hatten –
den großen Tisch hinten, ein Kreuz, einen Korb, in den der
Pastor oder die Pastorin stieg, ein Becken mit Wasser.

»Und wer kommt alles in die Kirche?«

Die rasche Antwort: »Viele Menschen!«

Meine nächste Frage: »Was gibt es denn für Menschen?
Wisst ihr, aus welchen Ländern diese Menschen kommen
und wie wir sie nennen?«

Das war für die Kinder schon schwieriger zu beantworten:
»Menschen aus Deutschland. Sie heißen Deutsche. Menschen aus Amerika, die heißen Amerikaner.«

Das Wort »Amerikaner« ging nur schwer über die Lippen. Es
ist für ein kleines Kind tatsächlich nicht
einfach auszusprechen.

»Und was gibt es noch für Menschen,
die in der Kirche willkommen
sind?«

Sie dachten nach. Ein
Mädchen meldete sich
und rief im selben Mo-
ment auch schon mit
Begeisterung: »Meine
Tante lebt in Italien,
sie ist Italienerin. Also
es gibt auch Italische.«

Und dann hob ein kleiner blonder Junge seinen Arm und sagte: »Und Plattdeutsche!«

Die Erzieherinnen und ich mussten unwillkürlich schmunzeln. Er sah uns erstaunt an, sicher war er über unsere Reaktion etwas verwundert.

»Plattdeutsch nennt man eine alte Sprache, die manche Menschen im Norden von Deutschland sprechen. Sie werden allerdings nicht Plattdeutsche genannt. Sie sind, wie wir, nur Deutsche.«

Ich versuchte, es ihm und der Kindergartengruppe vorsichtig zu erklären. Vor allem wollte ich den kleinen Blondschopf nicht bloßstellen. Er hatte sich ja wie die anderen an dem Frage- und Antwortspiel sehr gutwillig beteiligt.

Dann zogen wir durch die Kirche. Die Jungen und Mädchen durften nacheinander auch auf die Kanzel treten und etwas von dort aus sagen.

Ein Mädchen erzählte mir derweil leise, dass sie hier schon mal Maria und Josef und das kleine Baby gesehen hätte.

»War das zu Weihnachten?«

Sie antwortete ganz ernsthaft: »Ja«, und fügte versonnen hinzu: »Das war so schön.«

Und plötzlich war die Zeit um. Ich verabschiedete die Gruppe und dankte den Kindern, dass sie zu Besuch in die Kirche gekommen waren. »Noch einmal: Das hat mich sehr gefreut!« Ich führte sie zum Ausgang und sagte fröhlich: »Tschüs!«

Sie erwiderten mit einem mehrfachen: »Tschüs, tschüs, tschüs!« Dann herrschte wieder Ruhe. Ich dachte noch einmal über alles nach und musste nun zugeben: Es soll also auch Plattdeutsche geben. Man lernt doch nie aus.

———•———

Jesus Christus spricht: »In meines Vaters Hause
sind viele Wohnungen.«
(Evangelium nach Johannes 14,2)

Beerdigung mit Hindernissen

Es passierte auf einem der Bremer Friedhöfe. Die Trauerfeier in der Kapelle war gehalten, nun wollten wir den Sarg
zum Grab bringen. Dort sollte er niedergelassen werden,
dann würde die Schlussliturgie erfolgen. Die Sargträger zogen den Wagen, auf dem der Sarg stand. Ich folgte als Ers-
ter, nach mir die Angehörigen, dann eine große Schar von
Trauergästen. Wir bildeten einen langen Trauerzug.

Plötzlich überholte uns einer der Angehörigen von links und
stellte sich sehr ungehalten den Sargträgern entgegen.

Was war das? Der ganze Trauerzug kam langsam zum Stehen.

»Wir gehen ja in eine vollkommen falsche Richtung! Das
Grab liegt doch ganz woanders!«, polterte der Mann.

Schweigen. Stille. Was nun?

Die Sargträger bewahrten ihre Ruhe. Wo das Grab denn
liege, fragten sie. Der ärgerliche Trauergast gab die richtige
Stelle an. Die Sargträger wendeten daraufhin den Wagen
mit dem Sarg und zogen ihn zu dem Weg, auf welchem wir
dann zu dem richtigen Grab gelangten.

So ernst die Situation und so ärgerlich diese Panne auch war
– es schien mir fast, als ob der Verstorbene den Lebenden

noch einmal einen Streich spielen wollte. »So einfach verschwinde ich nicht von dieser Erde«, schien er uns zuzuraunen ...

Schließlich erreichten wir das richtige Grab. Es war ausgehoben, welch Glück. Wie sich später herausstellte, hatten die Sargträger einfach zwei Gräber verwechselt, das sollte natürlich nicht passieren, kann aber doch einmal vorkommen. Und es war ja noch einmal alles gutgegangen. Aber ich hatte mich zu früh gefreut: Es fehlten die Taue neben den beiden Balken über dem Grab, mit denen der Sarg hinabgelassen wurde.

»Da hat heute wohl jemand einen ganz schlechten Tag«, dachte ich, während einer der Sargträger loseilte, um die beiden fehlenden Taue zu holen. Ich ging derweil neben dem Trauerzug ein wenig zurück und sagte laut: »Geben Sie bitte nach hinten weiter, dass noch etwas fehlt, um den Sarg beizusetzen.«

Nach einer schier endlosen Zeit erschien der atemlose Sargträger wieder und brachte die beiden fehlenden Taue. Die Sargträger warfen sie gekonnt über das Grab und stellten dann den Sarg auf die beiden Balken. Dann nahmen vier von ihnen die Taue und spannten sie. Zwei andere zogen die Balken weg, sodass der Sarg nun auf den Tauen über dem leeren Grab schwebte. Dann ließen sie ihn vorsichtig hinab. Ich vollzog daraufhin die Schlussliturgie und trat nach dem Segen an die Gemeinde zur Seite. Mein Blick fiel auf die Angehörigen. Sie nahmen Abschied und warfen Rosenblätter hinab auf den Sarg.

Es gibt Dinge, die sollten nicht schiefgehen, ein Trauergottesdienst muss von vorne bis hinten stimmig sein. Die Hinterbliebenen sind zumeist sehr empfindsam. Ich kenne das aus eigenem Erleben. Aber es ist im Leben doch so, dass Fehler geschehen. Dann hilft nur, um Verständnis zu werben. Und so manches Mal kann aus dem Unerwarteten, dem Fehlerhaften ja auch etwas Heilsames entstehen, sogar bei einer Trauerfeier.

———————•———————

»Ein jegliches hat seine Zeit, und alles Vorhaben unter
dem Himmel hat seine Stunde: geboren werden hat seine Zeit,
sterben hat seine Zeit.«

(Prediger 3,1-2)

Der Dom predigt

Wir hatten uns auf den Abend verabredet. Wir wollten den linken Domturm besteigen, den sogenannten Nordturm, und anschließend den Dom bei Nacht erleben. Der Küster hatte auf meine Bitte hin die schwere Tür zum Turm aufgeschlossen und angelehnt gelassen. Es war früher Abend. Die Jugendgruppe betrat mit mir den dämmrigen Dom.

Die jungen Leute stürmten die vielen Stufen des Turmes munter hinauf. Ich folgte etwas langsamer nach. Die zweite Wendeltreppe wurde eng und schon verloren sich die Stimmen der Jugendlichen in der Höhe. Als ich die Gruppe einholte, fragte mich ein frecher Vierzehnjähriger: »Na, sind Sie auch schon da?«

Ich antwortete: »Siehst du doch!« und dachte bei mir: »Du Bengel!«

Die Aussicht auf die Stadt tief unter uns war wunderbar. Aber die Jugendlichen nahmen sie nach meiner Beobachtung nicht so recht wahr. Ich genoss den Blick dafür etwas länger, weil er so schön war – und ich zugleich meinen heftigen Atem beruhigen konnte.

So sprach ich betont ruhig und ausgeglichen. Jedenfalls hat keiner oder keine eine weitere Bemerkung gemacht. Vielleicht fanden die Jugendlichen es auch »cool«, einen Pfarrer nicht nur im Konfirmandenunterricht und vor dem Altar zu erleben, sondern auch mal in der luftigen Höhe des Nordturms unseres Doms. Ich habe nicht danach gefragt. Ich habe einfach meinen Atem gespart.

Wie viele Menschen denn beim Bau der beiden Türme heruntergefallen seien, wollten einige wissen.

»Weiß ich nicht«, gab ich, nun schon bedeutend ruhiger, zurück. Übrigens wäre die Geschichte mit dem Dachdecker historisch wohl nicht korrekt, fügte ich hinzu.

Und dann stiegen wir nach einer Weile wieder hinunter. Das war noch schlimmer als der Weg hinauf, denn nun ging es in die Oberschenkel. Wieder hörte ich fröhliche Stimmen vor, bald aber immer tiefer unter mir. Ich stieg die Wendeltreppe unverdrossen weiter hinab, bekam fast einen Drehwurm und machte, unten angekommen, unwillkürlich einen Schritt in Richtung der Grabplatte des Domherrn Segebade Clüver. Die jungen Leute saßen längst auf den Bänken vor dem Altar und lauschten dem Orgelspiel an der großen Sauer-Orgel. Netterweise fragte keiner und keine von ihnen: »Na, sind Sie auch schon da?«

Dann wanderten wir durch den mittlerweile dunkler werdenden Dom. Die hellen Blautöne der Rosette leuchteten in der beginnenden Nacht noch einmal kühl auf, während die warmen Gelb- und Rottöne des Tages langsam zurücktraten. Von draußen fiel das Licht der nächtlichen Stadtbeleuchtung durch die Fenster des Nordschiffes. Das Orgelspiel hörte auf. Die letzten Töne verklangen. Und plötzlich durchzog ein großes Schweigen den alten Dom.

Die Jugendlichen wurden still und sahen gespannt zu, wie sich die Kanzel in der Dunkelheit von ihrem Pfeiler abhob. Aus der eben noch lärmenden Gruppe wurde eine stille, eine hörende Gemeinde. Dabei hörten wir ja gar keine Predigt im gewöhnlichen Sinn. Nein, der Dom selber predigte uns, einem jeden, einer jeden von uns ganz persönlich. Die Spaßhaftigkeit verwandelte sich in ein Stillwerden.

»Wie sehr sich die jungen Leute berühren lassen von dem, was wir heute Abend hier gemeinsam erleben«, dachte ich fasziniert.

Der Dom predigte. Was zeichnet eine gute Predigt aus? Eine gute Predigt geht zu Herzen. Ihre Worte berühren unsere Seele und stärken uns. Eine gute Predigt schenkt Vertrauen – nicht unbedingt in unsere eigenen Fähigkeiten, aber in Gottes Handeln. Ich glaube, genau das hat Jesus damals getan, wenn er Menschen traf, nämlich ihr Vertrauen zu Gott gestärkt. Danach lebten sie ihr Leben wahrhaft getröstet weiter. Schmerz und Krankheit und Tod holten sie wieder ein. Aber sie waren stark geworden.

Und plötzlich war die begnadete Stunde im Dom vorbei. Draußen vor der Tür verwandelten sich die Jugendlichen wieder in diejenigen, als die sie zum Dom und zur Jugendgruppe gekommen waren. Lachen und Spaß waren wieder dran. Nun gingen sie wieder ihrer Wege, allein oder in Grüppchen.

Ich glaube, an dem Abend hat Gott etwas in uns hineingelegt. Es war die Ahnung von dem Frieden, mit dem er uns unruhigen Menschen in Jesus begegnet. Dieser Friede ist stärker als alles Unheil, das wir erleben. Wir hatten erfahren, wie aus der äußeren Spaßhaftigkeit eine innere Fröhlichkeit werden kann. Der Dom hatte gepredigt.

———•———

»Und der Friede Gottes, welcher höher ist als alle Vernunft,
bewahre eure Herzen und Sinne in Christus Jesus.«
(Philipper 4,7)

Väterlich versöhnt

Manchmal wurde es einfach laut im Unterricht. Manchmal musste ich um Disziplin ringen. Das war nicht immer leicht. Denn die Konfirmandinnen und Konfirmanden aller Zeiten schauen einen mitunter freundlich an, wenn man sie um Ruhe bittet, unterhalten sich aber fröhlich weiter, als ob man gar nicht anwesend wäre. Eine schwierige Situation, die geübt sein möchte.

So hatten mein Bremerhavener Vikariatsvater und ich abgemacht, dass einen Tag er und einen Tag ich unterrichtete. So hatte ich die Gelegenheit, seinen Unterricht mitzuerleben, und umgekehrt. Leider konnten weder ich noch er wirklich jedes Mal dabei sein. Manchmal schoben sich andere Termine dazwischen. So auch an diesem Tag.

Ich stand allein auf weiter Flur. Keine Hilfe in Sicht, aber irgendwann musste ich ja schließlich auch lernen, das Konfirmandenschiff selber zu steuern. Ich weiß nicht mehr, was wir besprachen, aber es wurde wieder einmal sehr laut. Und ich weiß auch nicht mehr, was genau gesagt wurde, jedenfalls riss einem meiner verehrten Konfirmanden plötzlich und für mich völlig unerwartet die Hutschnur, und zwar so richtig.

Er war für sein Alter schon recht lang. Normalerweise lächelte er gutmütig. Nicht aber in diesem Moment. Er sah mich wütend an und beschwerte sich lauthals, dass ich ihn beleidigt hätte. Das lag mir natürlich vollkommen fern. Er jedoch stand auf, packte hastig seine Siebensachen zusammen, stapfte erregt zur Tür, riss sie auf – ich sehe es noch heute vor mir! – und knallte sie von außen zu. Alle zuckten zusammen. Im selben Moment riss er sie wieder auf, donnerte mir noch einmal etwas entgegen und knallte die Tür abermals fest zu. Ich sah von drinnen nur noch, wie er wegstürmte.

Ich gebe zu: Ich war relativ erschüttert. Die übrigen Konfis waren währenddessen ruhig geworden. Es herrschte Stille. Als die Stunde endlich aus war, entließ ich sie.

Später hätte mich ein solcher Vorfall nicht mehr so mitgenommen. Doch in diesem Moment war ich enttäuscht, fühlte ich mich damals als junger Vikar den Konfis doch nahe und wollte mit ihnen einen tollen Unterricht machen. Ich wollte das Beste und erntete das Gegenteil. Aber da muss wohl jeder Pädagoge und jede Pädagogin einmal hindurch! Das gehört dazu.

Ich ging zum Deich an der Weser, genoss den späten Nachmittag und ließ meinen Blick weit schweifen. Zurück in meiner Wohnung nahm ich Kontakt mit meinem Vikariatsvater auf. Er riet, erst einmal abzuwarten und nicht bei der Familie anzurufen.

Der nächste Unterricht kam schließlich und tatsächlich standen Vater und Sohn am Eingang des Gemeindehauses. »Was nun wohl kommt?«, durchfuhr es mich. Beide machten allerdings einen friedlichen Eindruck. Ich entspannte mich. Der Konfirmand lächelte mich wie stets freundlich an; der Vater kam sofort zur Sache.

Er wolle gern, sagte er, dass nichts mehr zwischen seinem Sohn und mir stünde. Es solle keinen weiteren Ärger geben. Wir beide mögen den Streit begraben.

Der Konfirmand nickte heftig und ich schlug erleichtert ein. Es gab keinen weiteren Ärger zwischen ihm und mir. Das besonnene Wort seines Vaters hatte weder ihn noch mich ins Unrecht gestellt. Keiner von uns beiden war bloßgestellt. Es standen keine Vorwürfe mehr im Raum, ohne dass es ein fauler Kompromiss gewesen wäre.

Der Konfirmand wechselte schon bald in den Stand des Konfirmierten. Ich habe seinen beruflichen Werdegang nur noch sporadisch miterleben können. Heute führt er ein Fischrestaurant und immer, wenn ich dort mal esse, bekomme ich ein Stück Rotbarsch extra. Dann lächeln wir uns an und wissen: Wir sind Freunde.

Das verdanken wir vor allem seinem besonnenen Vater. Er hatte zwischen uns vermittelt und keiner von uns hatte sein Gesicht verloren. Wir hatten beide dazu gelernt.

---•---

»Herr, richte unsere Füße auf den Weg des Friedens.«

(Evangelium nach Lukas 1,79)

Ach, macht doch, was ihr wollt

Ferien auf Sylt! Schon lange hatten wir uns darauf gefreut. Für mich bedeuten Ferien auf Sylt: Eilig dahinziehende Wolken. Getöse des Meeres bei Sturm. Gleichmäßig auflaufendes und ablaufendes Wasser. Stundenlange Spaziergänge am Strand. Sonnenuntergänge fast an der Grenze des Kitschigen. Ach, Sylt, du bietest dem erschöpften Menschen die Möglichkeit, die Gedanken weit über das Meer schweifen zu lassen. Und wenn sie dann wieder von der salzigen Meeresluft zurückgetragen werden, die Gedanken, dann bringen sie bestimmt eine neue Botschaft für das Leben mit. Ferien auf Sylt können, wenn man hinhorcht, einen Perspektivenwechsel einschließen. Wo komme ich her? Wo stehe ich jetzt? Wo geht es hin?

Auf Sylt gehe ich gerne zur Kirche, sei es in die Kapelle in Wenningstedt oder in eine der alten weißen Kirchen in Keitum und Morsum. Wie machen es die dortigen Pastoren? Welche Predigteinfälle bringen sie mit auf die Kanzel? Kann ich etwas für mich Neues übernehmen, wohl wissend, dass Bremen nicht Sylt und Sylt nicht Bremen ist?

Es ist merkwürdig – aber in den Ferien hören ein Pfarrer, eine Pfarrerin ganz anders eine fremde Predigt als zu Hause. Man darf die konkurrierende Fachlichkeit einmal hinter sich lassen und ganz und gar ein Hörender werden. Das kann man in den Ferien gut einüben.

Das gilt im Übrigen nicht nur für das Predigthören, sondern auch für das Gebet. So hat Sören Kierkegaard einmal gesagt: »Beten heißt nicht, sich selbst reden zu hören. Beten heißt: Still werden und still sein und warten, bis der Betende Gott hört.«

Wir hatten an einem erfrischenden Gottesdienst teilgenommen. Der bekannte Prediger hatte einen guten Ruf weit über Sylts Grenzen hinaus. Seine Predigt konnte man gut verstehen. Die Gebete waren innig. Die Orgel mit dem interessanten Prospekt kam festlich dahergebraust und vermochte zart durch die Kirche zurückzuschweben.

Nach dem Schlussstück bestieg der Pfarrer noch einmal die Kanzel und sagte der Gemeinde: »Ich soll noch etwas abkündigen! Also, heute Nachmittag ist ein Treffen im Pfarrgarten, zu dem alle sehr herzlich eingeladen sind. Am Dienstag tagt die Gruppe Soundso. Am Mittwoch haben wir diese Aktivität. Am Donnerstag trifft sich die Gruppe X im Gemeindehaus. Am kommenden Sonntag hält den Gottesdienst Pastor Y, ach ja, und am Mittwochabend, nicht zu vergessen, bieten wir noch ein wunderbares Orgelkonzert in unserer Kirche an, es spielt die Organistin Z.« Und nach einer kleinen Pause fügte er mit verschmitzter Miene hinzu: »Ach, macht doch, was ihr wollt!«

Sprach's, klappte seine Agende mit den Abkündigungen darin für alle vernehmbar zu und kletterte die Kanzel wieder herunter. Der Gottesdienst war nun endgültig beendet.

Die Gemeinde strömte am Kollektenbecken vorbei, verabschiedete sich vom Pfarrer und verließ die Kirche. Wofür sollte die Kollekte eigentlich noch bestimmt sein? Da war ich wohl in Gedanken abgeschweift.

Der Organist stieg die schmale Treppe zur Orgel vorsichtig hinab. Wir bedankten uns bei ihm, während wir uns im Gedränge an ihm vorbeizwängten. Er lächelte huldvoll.

Der Pastor und der Kirchenmusiker – Sylt hatte wohl beide zu Originalen werden lassen. Beide hatten im Laufe der Zeit die Gemeinde und ungezählte Gäste durch Wort und Musik angesprochen. Keine Teilnehmerin und kein Teilnehmer ging unberührt vom Gottesdienst nach Hause. Ein Wort, ein Satz, ein Beispiel, eine Melodie – all das ging in dieser Kirche zu Herzen und wirkte nach.

Wir sollten also auf Rat des Pfarrers machen, was wir wollten. Auch das sind Ferien: Über längere Zeit kein Terminkalender, keine Besprechung, kein auf die Uhr schauen müssen. Die Seele bis zum Horizont fliegen lassen und darauf warten, was sie wohl Neues an Gedanken wieder mitbringt.

Der humorvolle Rat des Sylter Pastors birgt eine tiefe seelsorgliche Einsicht in sich. Gott schenkt uns die Ferienzeit und nicht nur ein paar freie Tage, damit wir neu zu Hörenden werden. Wir sollen nicht nur arbeiten und nach Plan im

Hamsterrad laufen, auch in der Kirche nicht. Ferien lassen uns neu auf den Puls des Lebens horchen. Sie wollen neugierig auf das Dasein machen, ganz gleich, wie alt man ist. »Ach, macht doch, was ihr wollt!« Sprach's und klappte die Agende zu.

———•———

»Wo der Geist des Herrn ist, da ist Freiheit.«

(2. Korinther 3,17)

Wer hat dieses Lied gedichtet?

Konfirmandenunterricht am Freitag in Bremerhaven. Die Konfirmanden und Konfirmandinnen saßen im Viereck beieinander. Sie schaute nach draußen. Sie schaute über die Häuser der Bürgermeister-Smidt-Straße – kurz »Bürger« genannt – hinweg, irgendwo hin. Sie war ganz versunken, fast schon wie im Schlaf. Sie saß in unserem Raum und war zugleich weit fort.

Wir nahmen das Lied »Lobe den Herren, den mächtigen König der Ehren« durch. Schließlich ist es eine Art evangelische Hymne. Aber im Zeitalter der Ökumene finden auch römisch-katholische Geschwister dieses den Christenglauben stärkende Kirchenlied in ihrem Gesangbuch. Joachim Neander hat es gedichtet, der Frühprediger an St. Martini in der Altstadt Bremens. Es war vor 1680 im reformierten Bremen.

Auch wenn das Lied immer wieder bei Amtshandlungen gesungen wird, ist es doch stets wie neu. Es veraltet nicht. Genauso ergeht es mir im Übrigen mit dem 23. Psalm. Auch er veraltet nicht. Wer nun einwendet, die Sprache der Bibel sei veraltet und die Kirchenlieder in unseren Gesangbüchern seien ebenfalls mehrheitlich veraltet, der irrt – und zwar nach meiner Meinung ganz gewaltig. Die Texte der Bibel und die wunderbaren Kirchenlieder stärken den Glauben auch heute. Wir können ihrem Bekenntnis vertrauen. Sie können Vertraute werden auf unseren Wegen. Denn der Psalmist und der so viele Jahrhunderte später lebende Bremer Pastor Joachim Neander bekennen in ihnen einen Glauben, der es mit der Welt aufnimmt. Einen Glauben, mit dem man leben kann, in guten wie in schlechten Zeiten. Einen Glauben, der »trotzig und lustig« macht, wie Luther es in seiner Vorrede zum Römerbrief sagt.

Nun, sie war also ganz weit fort. Ich finde, dazu haben die Konfirmandinnen und Konfirmanden manchmal auch das Recht, gerade am Freitag nach einer Woche Schulunterricht. Wir Pastoren und Pastorinnen dürfen nicht eine dauernde Präsenz von den jungen Menschen erwarten. Sie dürfen auch mal mitten im Unterricht eine Auszeit bekommen.

Es ist genauso mit dem Hören einer Predigt. Immer wieder können wir dabei abschweifen. Ein Wort regt uns an und schon schlagen wir Nebenwege ein, während der Prediger oder die Predigerin den Hauptweg munter weiter beschreitet. Auszeiten sind erlaubt, wie ich finde, im kirchlichen Unterricht wie auch während einer – ach, oft so langen – Predigt. Und manchmal ist man einfach nur matt und müde. Denn vielleicht ist die Auslegung von der Kanzel gerade nicht so lebendig, nicht so »pralle«, nicht so »cool«, wie die jungen Leute es heute sagen.

Doch nach einer kurzen Rast des Geistes, einer Abschweifung, einer Pause gilt es, wieder zurückzukehren.

»Wer hat das Lied ›Lobe den Herren‹ gedichtet?« Das fragte ich sie, um sie wieder aufzuwecken – und weil es mir auch ein wenig Spaß machte.

Sie kehrte in unsere Welt zurück. Sie kehrte in den Konfirmandenlehrsaal zurück. Sie wandte mir den Kopf zu, schaute mich an und erwiderte auf meine Frage mit dem klaren Bekenntnis: »Jesus!«

Nun, die Antwort »Jesus« kann im Konfirmandenunterricht oft ins Schwarze treffen. Man liegt damit meist nicht ganz falsch, wenn man schläft und der Pastor einen weckt und etwas fragt.

Die anderen Konfirmanden lachten los. Sie wusste nicht, warum. Sie musste sich überhaupt erst einmal fassen. Dann ging der Unterricht fröhlich weiter. Und schon bald stürmten die Jungen und Mädchen hinaus in die unendliche Freiheit. Die Stunde war um.

Jesus – warum hatte sie gerade diesen Namen genannt? Eigentlich hatte sie sogar richtig geantwortet. Denn Joachim Neander hatte einst sein Lied und überhaupt alle seine Lieder nur dichten können, weil er in der Nachfolge Jesu lebte. Ist es so verkehrt, wenn man sagt: Durch die Worte des Dichters hat Jesus uns dieses wunderbare Lied geschenkt, diesen herrlichen geistlichen Schatz?

Manchmal kommt es mir so vor, als lebten wir in einer Epoche der »Jesus-Vergessenheit«. Wir reden von Gott und übersehen dabei, dass sich dieser in seinem Sohn Jesus von Nazareth finden lässt. Es ist das Große, das Erstaunliche, das tiefe Geheimnis, dass Gott so ganz anders zu uns kommt, als wir es erwarten.

———•———

»Denn seinen Freunden gibt er es im Schlaf.«

(Psalm 127,2)

Mein landfrisch Mädchen

Wir saßen beim Mittagessen. Die Familie hatte mich, damals war ich noch Junggeselle, dazu eingeladen und ich war der Einladung mit Freude gefolgt.

Viele Pastoren essen gerne irgendwo mit – ich erinnere zu gern an den kurzweiligen Film »Das Haus in Montevideo« von 1963 mit Heinz Rühmann und Ruth Leuwerik in den Hauptrollen nach der Vorlage von Curt Goetz. Darin langt der hungrige Pastor Riesling beim Mittagessen gleich richtig zu, aber Heinz Rühmann als Hausherr stoppt dies mit dem klassischen Wort: »Wir pflegen vor Tisch zu beten, Herr Pastor!« Und schon senken sich alle Köpfe und der Pfarrer legt so lange den Suppenlöffel neben den Teller.

Auch diese Familie in Bremerhaven pflegte das Tischgebet. Ich finde, das ist ein gutes Zeichen des christlichen Glaubens. In den niederländischen Jugendherbergen ist es im Übrigen Brauch, dass alle Gäste – gleich welcher Religion – vor dem Essen kurz innehalten, schweigen und dann erst mit dem Essen beginnen. Ich habe diese Sitte während einer Radtour durch Holland miterlebt und finde sie sehr schön. Denn Essen und Trinken sind stets etwas Besonderes und niemals eine Selbstverständlichkeit, auch im Alltag nicht.

Nachdem die Hausfrau also das Tischgebet gesprochen hatte, wurde aufgetan. Es schmeckte wie immer ganz köstlich. Das Gespräch drehte sich bald um die Große Kirche, der wir alle angehörten, bald um dies und das.

Plötzlich öffnete sich die Tür des Esszimmers und der jüngste Sohn der Familie kam nach der Schule hereingestürmt. Wir merkten ihm sofort an: Er war so richtig hungrig. Gleich würde er zulangen, mit seinen vierzehn Jahren brauchte er ordentlich was in den Magen. So waren für ihn nur riesige Portionen angesagt. Die Mutter kannte es. Wir anderen hatten unseren Spaß.

Irgendwie kam nun das Gespräch auf das Thema »Druckfehler«. Druckfehler sollen nicht vorkommen. Aber sie kommen doch immer wieder vor, leider. Da sprang der Sohn auf, warf seine Serviette neben den bereits halb leer gegessenen Teller und rief: »Das muss ich euch zeigen! So einen Druckfehler habt ihr bestimmt noch nie gesehen!«

Er rannte nach oben in sein Zimmer und kam gleich zurück. In seiner Hand hielt er eine Schallplattenhülle. Er drehte uns das Cover zu und sagte: »Guckt mal: ›Mein flandrisch Mädchen‹. Es muss doch heißen: ›Mein landfrisch Mädchen‹! Das ist doch ein unglaublicher Druckfehler. Und das auf einer Plattenhülle!«

Es herrschte Stille am Esstisch. Und dann lachten alle los.

»Nein, das ist schon richtig so« sagte der Vater und fuhr fort: »Es geht um die Oper ›Zar und Zimmermann‹ von Albert

Lortzing. Da heißt es tatsächlich: ›mein flandrisch Mädchen‹, ein Mädchen aus Flandern.«

In der Tat singt der Marquis de Chateauneuf in dieser komischen Oper die herzzerreißende Arie:

»Lebe wohl, mein flandrisch Mädchen, / Wider Willen muss ich fort. / Doch ich liebe dich von Herzen, / Darauf geb' ich dir mein Wort. / Teurer weit als meine Seele / Bist du, o Geliebte, mir! / Und keiner andern soll's jemals gelingen, / Mir auch entfernt nur gefährlich zu sein; / konnt' ich dein Herz, deine Liebe erringen, / Kann ich auch ewige Treue dir weihn!«

Nun, dem Jungen war sein Missverständnis recht peinlich, doch wie leicht passiert es, dass ein Wort richtig dasteht und man es falsch liest. So war es mir auch selbst schon ergangen. Einen solchen Moment erinnere ich besonders lebendig: Ich saß als Theologiestudent beim Frühstück und las im Göttinger Tageblatt einen Artikel über den damaligen CDU-Politiker Walter Leisler Kiep. Darin stand: »Besonders gut kann er mit dem lieben Gott umgehen.«

Was war das? Erst beim erneuten Lesen verstand ich es richtig. Dort stand: »Besonders gut kann er mit dem lieben Geld umgehen.« Hatte ich zu viel studiert? Ich nahm mein falsches Lesen jedenfalls zum Anlass, es an dem Tag etwas langsamer angehen zu lassen. Studentenfreiheit!

Der junge Mann in Bremerhaven putzte seinen Teller endgültig leer. Ein zweiter und sogar ein dritter folgten. Er hatte schnell gemerkt, dass wir ihn natürlich nicht auslachten, sondern uns nur über die köstliche Verwechslung amüsierten. Spaß muss sein!

Die Erkenntnis blieb: Lesen ist nicht gleich Lesen. Die Bibel lädt uns immer wieder neu zum genauen und aufmerksamen Lesen ein. Vieles allerdings verstehen wir nicht. Manches meinen wir verstanden zu haben. Doch das Lesen in der Bibel zieht uns immer wieder den Boden unter den Füßen fort. Nur so können wir das Heil in Christus erkennen und es Tag für Tag neu annehmen. Die Bibel sagt uns, wo wir Gottes Liebe finden: nämlich in Jesu Kreuz und Auferstehung.

———●———

»Selig ist, der da liest und die da hören die Worte
der Weissagung und behalten, was darin geschrieben ist;
denn die Zeit ist nahe.«

(Offenbarung des Johannes 1,3)

Ein Engel niest

Sie war damals zweieinhalb Jahre alt. Sie lebte mit ihren Eltern und zwei älteren Schwestern in Bremen. Auf ihrer Stupsnase trug sie eine bunte Brille mit runden Gläsern. Wenn sie lachte, war die Nase noch kürzer – ich hätte den erleben wollen, der angesichts ihres starken Charmes nicht völlig weich geworden wäre. Ich hatte sie im Dom getauft und bin ihr Patenonkel.

In jeder Generation einer Familie gibt es ein Original. In ihm mischen sich Anlagen, altes Erbe und Umwelt zu etwas sehr Kostbarem und Seltenem: zu einem eigenständigen, zu einem aus dem Rahmen fallenden Menschen. Sie war schon als Kind ein Original.

Originale sind besondere Geschenke Gottes. Sie erfrischen die anderen mit ihren Ecken und Kanten. Auch in Bremen hat es seit alters solche Originale gegeben – vielleicht deshalb, weil wir Bremer in manchem den Engländern verwandt sind.

Ihre beiden großen Schwestern beschützten damals noch ihre jüngere Schwester. Die älteste der drei war schon sehr ernsthaft, während die mittlere durch strahlend blaue Augen und ihre zarte Art bezauberte.

Nun war die Adventszeit gekommen und mit ihr die alljährliche Aufführung des Krippenspiels in der Adventsfeier für die Seniorinnen und Senioren der St. Petri Domgemeinde, damals noch im Großen Saal der Glocke.

Die beiden großen der drei Schwestern nahmen in dem besagten Jahr an der Aufführung teil. Und sie hatten mit all den anderen Kindern lange dafür geübt. Sie gehörten zu den Engeln und waren furchtbar stolz auf ihre goldenen Flügel. Sie schritten inmitten der aufgeregten Kinder im Gang hinter der Bühne der Glocke auf und ab, ihre langen weißen Engelkleider fielen wunderschön und beide waren von sich selbst unendlich entzückt.

Der Gang war gefüllt mit Maria und Josef, Ochs und Esel, den Hirten, den Königen und Scharen von Engeln. Ein Teil der Engel sollte auf der Bühne singen, der andere dort neben der Krippe stehen. Diese Engel sollten Gott stumm loben und somit der Szene an der Krippe den nötigen himmlischen Glanz verleihen. Ihre Aufgaben und ihren Auftritt hatten sie alle lange geprobt.

Meine Patentochter war jedes Mal zum Üben mitgekommen, sollte aber noch kein Engel sein. Mit zweieinhalb Jahren war sie eigentlich schlicht noch zu jung – eigentlich. Doch sie wollte unbedingt und wurde schließlich doch noch den stummen Engeln zugeordnet, was sollte dabei schon schiefgehen? Ihre Mutter hatte jedoch zeitlich bedingt kein weißes Gewand mehr nähen können, wie die älteren Schwestern es trugen. Dafür hatte sie ein hübsches weißes Hemd gefunden, das meiner Patentochter bis zu den Knien reichte. Um ihr blondes Haar wand sich ein goldener Reif, der über der Stirn einen goldenen Stern trug. Sie sah zwar nicht ganz so erhaben aus, aber doch absolut hinreißend.

Und dann war es so weit. Die Orgel der Glocke ließ die Seniorinnen und Senioren im Saal verstummen und die Kinder begannen, die Weihnachtsgeschichte zu spielen. Es war eine durch und durch gelungene Aufführung.

In der Schlussszene standen Maria und Josef neben dem Kind in der Krippe, Maria unendlich glücklich. Die rauen Hirten knieten davor, Lammfelle in den Händen; die Könige, edel angezogen, daneben. Die Besucherinnen und Besucher der Weihnachtsfeier unten im Glockensaal sahen ein Bild, das die Pracht und zugleich die Demut der Weihnachtsgeschichte in vollem Glanz entfaltete. Alle Jahre wieder lässt diese Geschichte die göttliche Freude inmitten aller Dunkelheit fühlen.

Meine Patentochter stand direkt neben Maria und Josef. Sie war der mit Abstand kleinste Engel und deswegen in der vordersten Reihe platziert worden.

Es muss gesagt werden, die Würde der beiden großen Schwestern ging ihr völlig ab, nicht nur wegen des kurzen weißen Hemds, das ihr eben nur bis zu den Knien reichte. Vielmehr schielte sie, so gar nicht der himmlischen Inkarnation ihrer Rolle entsprechend, bald hierhin und bald dorthin, steckte einmal sogar den Finger in die Stupsnase und war eigentlich selbst mehr begeisterte Zuschauerin als Darstellerin des weihnachtlichen Jubels.

Und wieder sah sie ganz unbefangen nach links, dann schob sich die kleine Nase hoch, der blonde Kopf nickte und sie nieste zweimal, dreimal kräftig und ganz unfeierlich – mitten in die weihnachtliche Krippe hinein.

Freilich, nur die vorderen Reihen der Zuschauer und Zuschauerinnen konnten diesen niesenden Engel richtig sehen. Und nur die wenigsten werden in dem Moment göttlicher Vollendung gerade auf den kleinsten Engel geschaut haben. Doch es folgte noch einmal ein ganz prosaisches Niesen, an Maria vorbei, mitten auf das Jesuskind. Sie nahm natürlich nicht ihre Hand vor den Mund. Nein, sie nieste ganz unbefangen, ganz weltlich ihr Kinderniesen.

Die Schlussakkorde der Orgel beendeten die Szene und damit das Krippenspiel. Die Engelscharen, Maria und Josef, Ochs und Esel, die Hirten, die Könige – alle gingen programmgemäß nach rechts ab. Nur sie ging nach links ab, besah sich dabei noch in großer Ruhe die Orgel und geriet schließlich unter dem Beifall der Zuschauer und Zuschauerinnen links zum Ausgang. Es war ein Abgang, der originell war und zu ihr passte.

Sie hatte freilich keine tragende Rolle gespielt. Und doch verlieh genau dieser niesende blonde Engel dem verkündigenden Spiel auf seine Weise etwas wahrhaft Glücklichmachendes, ganz nahbar und direkt. Gott sendet seine Engel zu uns. Hier war es offensichtlich.

In der Nacht schliefen die drei Schwestern Weihnachten entgegen. Die runde Brille meiner Patentochter lag wahrscheinlich sicher auf dem Tisch, so wie ich sie kannte. Sie war nämlich, auch wenn man das nach ihrem Auftritt vielleicht nicht denken möchte, sehr ordentlich.

Wie gut, dass sie im Krippenspiel noch hatte mitspielen dürfen. Nur eine Sorge blieb: dass sich das Jesus-Kind durch ihr Niesen vielleicht erkältet haben könnte ...

———————•———————

»Und alsbald war da bei dem Engel die Menge
der himmlischen Heerscharen, die lobten Gott und sprachen:
Ehre sei Gott in der Höhe und Friede auf Erden bei den
Menschen seines Wohlgefallens.«

(Evangelium nach Lukas 2,13-14)

Das Leben heiter nehmen?
Nachwort

Der Jurist Albrecht Schackow, langjähriger Bauherr am Bremer Dom, hat das Wort geprägt: »Die Macht liegt nämlich zuletzt meist immer bei den Fröhlichen.«

Aber fröhlich zu sein angesichts der großen und kleinen schlimmen Ereignisse im Leben? Das ist oft viel zu viel verlangt. Manches Lachen bleibt einem regelrecht im Halse stecken. Und oft ist es schlicht und einfach unschicklich, ja, geradezu lieblos zu lachen, schon gar hinter dem Rücken eines anderen.

»Die Macht liegt nämlich zuletzt meist immer bei den Fröhlichen.« Ich verstehe das Bonmot als einen seelsorglichen Rat. Wer fröhlich ist, wer heiter bleibt, wer nicht blindlings zurückschlägt, selbst wenn die Umstände einen zur Weißglut treiben, kurz, wer Jesu Weg des Friedens geht, der ist wahrhaft mächtig. Das heißt allerdings beileibe nicht, sich alles gefallen zu lassen. Manchmal muss man schon deutlich werden.

Die Heiteren stehen zumeist über den Dingen. Sie haben erkannt, wie unzulänglich die anderen oft sind – und sie selbst ebenso. Sie wissen mit den alltäglichen Schwierigkeiten und menschlichen Schwächen – die eigenen eingeschlossen – gemeinhin durch ihren Humor fertig zu werden. Heitere Menschen können anderen auch ihren Erfolg gönnen. Sie lächeln und zeigen damit wahre Stärke.

Kann man die Heiterkeit eigentlich erlernen? Ich meine: nein! Denn sie ist eine Anlage. Wir können sie nicht erwerben. Aber es wäre schon viel gewonnen, wenn wir uns ab und zu in den anderen hineinversetzten – und dies mit einem Lächeln, welches überdies die Dinge im Angesichte Jesu nicht zu ernst nimmt.

Dann merken wir, wenn wir ehrlich zu uns sind: So schrecklich ist der andere oder die andere ja doch nicht. Und umgekehrt: ich selbst wohl auch nicht. Meiner Meinung nach kann man die Heiterkeit nicht erlernen, aber die Anlage dazu in sich wecken. Denn dieses Goldkorn liegt in jedem Menschen verborgen. Der Schöpfer hat es uns mitgegeben.

Gegen die großen und kleinen Teufelskreise in unserem Leben hilft oft eine gelassene Heiterkeit mit Blick auf das Wesentliche. Jesus hat sie uns vorgelebt. Wir können sie nicht erzwingen. Aber wir können immer wieder um sie bitten und sie einüben. Die Heiterkeit ist eine leise Form der Liebe.

———●———

»Lass den Unmut fern sein von deinem Herzen.«

(Prediger 11,10)

Zu guter Letzt – ein Dank

Danken möchte ich Hans Gehrt von Aderkas. Er hat mich ermutigt, eine Fantasie in die Tat umzusetzen.

Danken möchte ich Edda Bosse und Dr. Detlev G. Gross für ihre Grußworte. Mit beiden verbindet mich ein langer Weg. Detlev Gross gebührt zudem Dank für die großzügige Unterstützung dieses Projekts durch die Stiftung Bremer Dom e.V.

Danken möchte ich Professor Dr. Christian Möller, meinem theologischen Lehrer, der mich seit dem ersten Semester immer wieder auf den spannenden Pfad der Theologie gewiesen und die Entstehung des Buches aus der Ferne begleitet hat.

Danken möchte ich dem Carl Schünemann Verlag in Bremen, den beiden Verlegern Julia Kracht-Schünemann und Hermann Schünemann sowie ihren Mitarbeiterinnen und Mitarbeitern, vor allem aber meiner Lektorin Caroline Simonis, die mich mit Kompetenz und einer nie versiegenden Fröhlichkeit begleitet hat.

Danken möchte ich Dorothee von Harsdorf. Sie hat die wunderbaren Illustrationen geschaffen und mich an deren spannender Entstehung intensiv teilhaben lassen. Die Künstlerin und der Autor haben in vielen Gesprächen – ohne dabei das Schwere im Leben zu vergessen – der Heiterkeit des Glaubens in Wort und Bild nachgespürt.

Danken möchte ich meiner Frau Juliane. Sie hat das größer werdende Werk mit Kritik, Ermutigung und Stärkung begleitet.

Widmen möchte ich es Gerold, Hagen, Lexa und Fanny. Sie sind in unserem Pfarrhaus aufgewachsen und haben mich immer wieder zum Lachen und Nachdenken gebracht, manchmal auch umgekehrt.

Peter Ulrich, Dr. theol., geboren 1953 in Bremen, studierte evangelische Theologie. Ab 1983 war er als Vikar und dann als Pastor der Bremischen Evangelischen Kirche an der Vereinigten Protestantischen Gemeinde zur Bürgermeister-Smidt-Gedächtniskirche in Bremerhaven tätig. Von 1992 bis 2019 gehörte er dem Predigerkollegium am St. Petri Dom in Bremen an. Neben der praktischen Gemeindearbeit veröffentlichte er Beiträge zu kirchen- und heimathistorischen Themen. Er ist verheiratet und hat vier Kinder. Peter Ulrich denkt gerne an viele heitere Momente in seiner Dienstzeit zurück.

Die Deutsche Nationalbibliothek verzeichnet diese Publikation in der
Deutschen Nationalbibliografie; detaillierte bibliografische Daten sind im
Internet über http://dnb.dnb.de abrufbar.

1. Auflage 2021

Autor: Peter Ulrich
Illustrationen: Dorothee von Harsdorf
Lektorat: Caroline Simonis
Satz und Buchgestaltung: Carl Schünemann Verlag

Printed in EU 2021
Band 6 der Schriftenreihe der Stiftung Bremer Dom e.V.
ISBN 978-3-7961-1123-5

Besuchen Sie uns auch auf Facebook oder Instagram.